1年目の先生が身につけたい

― 学級づくり ―

ポジティブチェックの習慣

溝口健介

明治図書

はじめに

　数ある教育書の中から本書を手に取っていただき，ありがとうございます。溝口　健介（みぞぐち　けんすけ）と申します。この本は，私が一人で書いた，初めての本です。

　大学を卒業してから，堺市の公立小学校で13年間，働いてきました。
　担任を10年と生徒指導専任を3年務めました。
　もちろん，どこにでもいる普通の教師です。なんの実績も肩書きもありません。ただし，13年間，目の前の子どもたちのことを考え，毎日の仕事に全力で取り組もうと努力はしてきたつもりです。
　自分の仕事ぶりに自信があるかと言われれば，正直なところありません。
　今も日々，学級経営，授業，ことばかけに悩み続けています。

　この13年間，現場では，いろいろな変化がありました。
　私が初任者の頃と今とでは，先輩から教えられることが大きく違ってきていると思います。
　ただ，担任は，学級を安定させる役割があるということ。
　子どもたちをほめて，認めて，励まして，一人ひとりの成長を見取ること。
　子どもたちの成長を願い，そのために日々，努力していくこと。
　これらには変化はありません。

　私自身，これまで，たくさんの失敗をしてきました。
　特に，学級経営には，悩み続けてきました。
　「ほめる，叱る」のことばかけがうまくできませんでした。
　子どもをコントロールするためのほめことばになっていたり，とにかくほめれば，子どもは喜ぶと思っていたりしたのです。
　感情のないほめことばは，子どもの心には響きませんでした。

叱るときには，子どもの成長よりも，周りの目を意識していました。
　子どもを伸ばすために叱るよりも，周りの先生からどう思われるか，自分のクラスがどう見えているかばかり気にしていたのです。
　子どもたちは，反発するようになりました。
　そうなると，今度は，叱ることで子どもが離れていくのでは…反発して指導が入らなくなるのでは…ということを恐れて，言うべきことを言えなくなりました。

　「ほめことばは意識しないと減っていく。叱ることばは意識しないと増えていく」と感じています。
　人は欠点やできていないところに目が向きやすいです。
　不安や危機感があるからこそ，悲観的になって当然なのです。
　ですが，あまりにそちらの方向に傾きすぎると，子どもの行動を否定的に捉え，どんどん悪い面にしか注目できなくなります。
　さらに，それを子どものせいにするようになると，信頼関係は崩れます。
　信頼関係の崩れは，そのまま，学級の崩れにつながります。

　ポジティブなことばを増やし，前向きな学級に育てていきたい。
　できて当たり前と思われている行動に，教師が意義や意味をもち，丁寧にその思いを伝えていきたい。
　教職を志した頃にイメージした，あたたかい学級をつくりたい。
　初心を思い出し，学び直し，自分にできる努力を積み重ねました。
　14年目の今年度は，今までの学びを生かして，学級経営ができています。

　大変なとき，つらいときに自分を助けてくれたのは，周りの先生方と本でした。
　周りの先生方にたくさん助けていただいて，いろいろなことを教えていただきました。

本を読み，様々なことを学び，教室で実践してきました。
　今まで学んできたことを生かして，自分の本も「困ったときに読み返せる本」「しんどいときに元気をもらえる本」になればと思いました。
　「ネガティブなチェックリストではなく，ポジティブなチェックリストをつくりたい」「読んでいて，気持ちが明るくなる本を書きたい」という思いから，この本を書きました。

　現場は大変です。自分が教師になったときの気持ちを忘れてしまうほどです。それでも，初心を忘れずに，毎日を過ごしていくことが大切です。
　今も日々，悩み続けている自分だからこそ，少しでも現場の先生のお役に立てる本が書けるのではないかと思っています。

　4月の自分に，初任者の頃に，教師を目指した頃に，原点回帰して，ポジティブでい続けられるようにしていきたいと思っています。
　いろいろと言われる教師という仕事を，ポジティブな気持ちで頑張っていきましょう。

　教室を冷やさず，安定させるポジティブチェックを，月別に分けて64項目，解説しました。
　イメージしやすいように，できるだけ，具体的に書いたつもりです。
　ぜひ，自分の使いやすいように，アレンジして教室で実践していただけたら嬉しいです。

　一人でも多くの若い先生方が，この仕事を楽しみ，その姿を子どもに見せられるようになることを願って。

溝口　健介

CONTENTS

はじめに　／003

第1章
ポジティブチェックの習慣を支える教師のマインド

01　目指したい姿を明確にし，毎日，前向きなことばを　………… 014

02　4月だけじゃなく，ほめることばかけを続けていく　………… 016

03　自分のアンテナに引っかかる言動は，止めて，語る　………… 018

04　ことばを大切にする　………… 020

05　先生の思いを素直に伝える　………… 022

Column　意識して笑顔でいる　／024

第2章 学級づくりを支える 12か月のポジティブチェック習慣

4月のポジティブチェック

01 学級のゴールイメージをもつ
学級経営案をつくり，学級開きに備えよう …… 026

02 学級開きで自己開示する
子どもたちの緊張をほぐし安心感をもてるようにしよう …… 028

03 「当たり前」を見逃さず，ほめる
「〇年生だから，これくらいできて当たり前」を捨てよう …… 030

04 教室に安心感を確保する
教室に安心感をもたらすのは，担任の最重要事項と心得よう …… 032

05 ルールや仕組みを丁寧につくっていく
仕組みをつくっていくときは，「納得感」をもたせることを意識しよう …… 034

06 クラスで起こった素敵なことを可聴化する
ほめるときは，常にクラスへの影響を考えておこう …… 036

07 凡事徹底と率先垂範を1年間忘れない
5つに絞って意識し続けよう …… 038

08 学級通信でつながる
ハイリターンの学級通信を活用しよう …… 040

09 明確な意図をもってレクを行う
レクを通して誰とでも協力できるクラスにしよう …… 042

10 休み時間に子どもを見取る
授業とは違う一面を意識して見よう …… 044

CONTENTS 007

11	忘れものは「忘れたときにどう動くか」を大切にする
	「今からできること」に視点を向けよう …… 046

12	朝の会と帰りの会で1本の筋を通す
	会を行う目的を共有しよう …… 048

13	子どもが考えて動ける給食の時間にする
	給食準備は,協力の練習をしている時間だと意識づけよう …… 050

14	掃除の時間は「気付く人」を大切にする
	掃除を通して心を磨く意識を伝えよう …… 052

15	最初の参観で心を掴む
	最初の参観で保護者に安心感を与えよう …… 054

5月のポジティブチェック

16	ゆるんで当たり前と捉え,ネジを丁寧に締め直す
	負のサイクルを断ちきることを意識しよう …… 056

17	子ども同士での攻撃的な注意はさせない
	子どもの間に上下関係をつくらないようにしよう …… 058

18	先頭集団に働きかけて2・6・2を8・2にする
	先頭集団のやる気をどんどん引き出し中間層を巻き込んでいこう …… 060

19	手書き掲示物の力を生かす
	その場でつくりその場で掲示することで印象に残そう …… 062

20	朝の時間を活用して先手をとる
	宿題チェックと朝学習を仕組み化して時間を生み出そう …… 064

21	学級目標は慣れてきてからつくる
	全員が「どんなクラスにしたいか」を伝え合う時間をとろう …… 066

22	授業での負荷と緊張感を保つ
	適度な負荷とほどよい緊張感で全員を授業の参加者にしよう …… 068

6月のポジティブチェック

23 子どものしんどさに共感しながら支える
子どもたちの「頑張りたいこと」を聞き出そう ……… 070

24 物の乱れを見逃さない
定期的に片付けの時間をとり「きれい」のよさを実感させよう ……… 072

25 自由度を上げるなら責任とセットにする
手は離しても目は離さず，少しずつ任せる場面を増やしていこう ……… 074

26 トラブルを子どもの成長の種と捉える
トラブルに丁寧に対応することで子どもからの信頼につなげよう ……… 076

27 一人ひとりと話す時間をとる
3分だけでも，一人ひとりと話す時間をとろう ……… 078

28 男女の壁をつくらせない
男女の壁は，先生が壊してあげよう ……… 080

29 通知表所見を活用してよさを記録していく
個人懇談や通知表の所見を意識してよさをたくさん記録しよう ……… 082

7月のポジティブチェック

30 前向きな自分時間の活用を促す
隙間時間を自分のために使えるように指導しよう ……… 084

31 よさを伝え，成長を喜び合う懇談会にする
5つのポイントを意識してお互いに有意義な10分にしよう ……… 086

32 通知表の渡し方をひと工夫する
通知表に込めた思いを直接伝えよう ……… 088

33 子どもの姿から1学期を振り返る
1学期を振り返り，継続か修正か廃止かを決めよう ……… 090

CONTENTS 009

8月のポジティブチェック

34 夏休みには「使うため」のインプットをする
クラスの子どもや2学期の教材を意識したインプットをしよう ………… 092

9月のポジティブチェック

35 「できる」を見取り，夏休みモードから脱却を促す
できていることに目を向けて前向きなことばかけで調子を取り戻そう ………… 094

36 スタートを揃える意識をもつ
一人を目立たせずに足並みを揃えよう ………… 096

37 違和感があったら流さず止める
指針を明確にしておくことで止めるべきところを見極めよう ………… 098

38 非言語を使って注意を軽くする
繰り返される注意を軽くする工夫をしよう ………… 100

39 任せる場面を増やしていく
先生のことばかけが4月と変わっているかを意識しよう ………… 102

40 学年（学級）目標を飾りにしない
学年（学級）目標を日々の行動とつなげていこう ………… 104

10月のポジティブチェック

41 教師が「試してみる」という視点をもつ
子どもと一緒に様々なことにチャレンジしてみよう ………… 106

42 慣れてきたからこそ，意識的に知ろうとする
「この子はこうだろう」という先入観をもたないようにしよう ………… 108

43 運動会の目的を共有し，継続的に確認する
勝敗や見栄え以上に大切なことを意識させ続けよう ………… 110

44 バタバタする時期こそ時間を厳守する
先生が率先して時間を守る意識を伝播させよう ………… 112

45	雑談で一人ひとりに耳を傾ける 疲れてくる時期だからこそくだらない話をする時間を大切にしよう ………… 114
46	ゆるやかに，でも，しっかりと整える 11月に向けて，仕切り直しをしよう ………… 116

11月のポジティブチェック

47	日常の行事化で楽しみを生み出す メリハリのある活動で熱中と笑顔を生み出そう ………… 118
48	教室で使われることばに敏感になる ことばを通して，子どもとの距離感を調整し続けよう ………… 120
49	陰口の二次被害を起こさない 背景や要因を考えさせよう ………… 122
50	丁寧さとスピードの両立を意識する 丁寧さとスピードの両方で全力を引き出し続けよう ………… 124

12月のポジティブチェック

51	一人ひとりの好きを発揮できるお楽しみ会をする 企画から子どもたちに任せてサラッと支えて，成功体験につなげよう ………… 126

1月のポジティブチェック

52	次の学年まで意識した新年の目標を立てる 新年の目標は次の学年までを想定して立てるようにしよう ………… 128
53	姿勢の指導は見た目ではなくその子を思ってする 子どもが自分で「正そう」と思えることばかけをしよう ………… 130
54	全員で声を出す活動を取り入れていく 「いい声」によってクラスを元気にしていこう ………… 132

2月のポジティブチェック

55 毎日の目標を大切に，仕掛けてほめる
一点突破で，1日1日を充実させよう …… 134

56 欠席者への学力と心のフォローを丁寧にする
一人1枚の付箋で，フォローの抜けがないようにしよう …… 136

57 来年度のことを考えるからこそ，言うべきことは言う
余計なことを考えずに，言うべきことは言おう …… 138

3月のポジティブチェック

58 来年度の話をするなら，ポジティブな方向で
次の学年に希望をもてるようなことばかけをしよう …… 140

59 たくさんほめて終わる
ピークエンドの法則を意識してよい印象で締めくくろう …… 142

60 最後の日を子どもたちと前向きに満喫する
1年間の成長を振り返り勇気づけるメッセージを伝えよう …… 144

61 遠くの偉人より近くの先輩から学ぶ
同僚の先生からたくさん吸収していこう …… 146

62 来年度の成功につながる1年間の振り返りをする
早めの振り返りで来年度の計画を立てよう …… 148

番外編

63 先輩からのアドバイスは思考してから受け止める
自分でかみ砕いて今すぐ実行できるか考えよう …… 150

64 子どもを主語に，保護者の目線で話す
イメージできるように具体的に話をしよう …… 152

おわりに ／154　　12か月のやることリスト ／156　　参考文献一覧 ／159

第1章 ポジティブチェックの習慣を支える教師のマインド

マインド 01 目指したい姿を明確にし，毎日，前向きなことばを

　ほめて，認めて，励ます。成長を喜び合う。教育の基本だと思います。
　しかし，「具体を力強くほめる」「子どもがかけてほしいことばを，タイミングを逃さず伝える」というのは，意識せずにできることではありません。心に響くほめことばを言うことは，難しいのです。その子がこだわっていること，努力していること，認めてほしいことを見取る必要があるからです。
　「結果のみに目を向けるのではなく，努力の過程や行動の背景にある願いや考え方に目を向けて，見取ることができるか」が心に響くかどうかの分かれ目です。子どもは，自分の成長に気付かないことが多いです。教師のことばによって，昨日より成長した自分に気付かせてあげましょう。

　「どの行動に感心したのか，その行動の価値とはなんなのか」を具体的に伝えないと，子どもには伝わりません。**「客観的な事実＋主観的な価値付け」**が大切です。そして，この主観的な価値付けのことばにこそ，その先生の教育観は表れます。つまり，教師自身が，目指すべき姿のイメージをもっていないと，何をどんな風にほめたらいいのかわかりません。ただほめているだけになってしまうのです。そうならないためにも，自分の育てたい子ども像，クラス像のイメージを明確にもつことが大切です。

　媚びるためにほめる，機嫌を取るためにほめる，コントロールするためにほめる，とならないように気を付けないといけません。自分の行っている「ほめること」を常に振り返る必要があります。感情がこもっていないことばに，心は動きません。大人も子どもも同じです。

子どもたち全員を好きになり，いいところに目を向けて，それを伝え続ける。当たり前のことのようですが，全員というのが実は難しいです。自分に暗示をかけていくことも必要になるかもしれません。子どものことを好きになれれば，子どもとの関わりに対して意欲が湧いてくるし，伸ばしてあげたい，助けてあげたい，支えてあげたいという思いも湧いてきます。

　「好きになる努力をする」＝「無理にでも，よさに目を向けてほめること」 だと考えています。教師がその子を本心から好きかどうかは，子どもにもわかります。常日頃から自分のことを肯定的に見ようとしてくれているかどうかは，伝わります。教師がその姿を見せることで，その子に対する周りの見方が広がります。それが，互いが違いを認め合い，それぞれのよさを認め合える関係性をつくるのに役立っていきます。周りの子とのつながりを考えても，教師のかけるほめことばの役割は大きいのです。

マインド 02　4月だけじゃなく，ほめることばかけを続けていく

　4月のスタート，ほめことばにあふれていた教室。子どもたちは活発で，先生は，常によさを見つけようという目になっていました。子どものよさを見つけては，写真を撮って，学級通信で紹介していました。

　ところが，6月頃になると，注意のことばが飛び交い，気になったことをきついことばで指摘する教室になっていました。当たり前のことをちゃんとやっている子は，スルーされていました。先生は，特別なことにしか注目をしないようになりました。先生は，写真を撮らなくなっていました。当然，ほめる，認めることばがなくなっていきました。これは，過去の私の教室です。

　こうならないためにも，ほめる，認めるというポジティブなことばかけを意識して続けていくことが大切です。熱量を持続させるには，継続したフィードバックが必要です。成長を実感できる，認められる喜びがある教室でこそ，子どもたちはいきいきと過ごせます。いい調子で動き出したところで，安心してやめてしまう先生が多いようです。**軌道にのったらほめることばかけが減っていくというのは，子どもを都合よく動かすためにほめていただけだと思われてもしょうがないのです。**

　学級経営においては「初心を忘れず，続けていけるか」が大切です。始業式に言ったことを，修了式まで言えるか，なのです。そのために私は，4月のものをよく見返します。自分のノート，写真，授業計画，子どもの見取りメモなどです。見返すと，いかに自分が緩んできているかに気付くことができるからです。そうすることで，他責思考（子どものせい）にせずに，自分にベクトルを向けることができます。

気になる一部の子たちばかりに目を向けるのではなく，当たり前のことを積み重ねている子に目を向けます。当たり前と思われている言動を認めることばかけをしていくことで，日常の解像度は上がっていきます。学級経営がうまいと言われる先生は，同じ景色を見ていても，解釈の質が違います。

　指導後の変化を見逃さないことも，強く意識します。そうすることで，ほめことばは減りません。変化を見取らず，ことばかけもせず，悪さを見つける監視員の目で見て，指摘するだけになっていないか，自問することが大切です。

　ほめことばを素直に受け止めない子に対しても，ほめことばをかけ続けます。

　じわりじわりと効いてくると信じて，行うのです。

　「どうせ，できないし」に対しても，「いや，君ならできる。先生は，できると信じている」のように，マイナス反応に屈せず否定を再否定していきましょう。

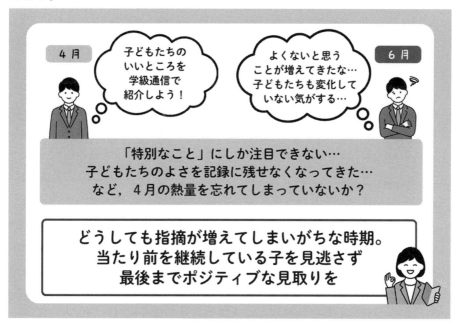

第1章　ポジティブチェックの習慣を支える教師のマインド

マインド 03 自分のアンテナに引っかかる言動は，止めて，語る

　教室では，流すことも必要です。でも，それは，「いつでも止められるけど，あえて流しているのか？」それとも，「止めると面倒だ，気まずくなる，反発があるかも…と思って逃げの姿勢で流していないか？」を考えないといけません。もし，後者であれば，どんどん止められなくなってしまいます。**止めるべきところを流してしまうと，それが基準になります**。そうなると，クラスは歯止めを失い，制御不能になっていきます。「もう我慢ならない」と思ったときには，すでに手遅れであることが多いです。そのときには，「先生，今まで何も言わなかったやん」「○○さんには，言わないやん」と子どもは，不平不満を口にします。

　そうならないためにも，叱るべきときには，叱らないといけません。ダメなことは，ダメなのです。そして，止めた後には，丁寧に語ることが大切です。**後悔しないように，自分の違和感を信じて指導する**のです。真面目に頑張っている子が損をする教室にしてはいけません。「自分だけよければいい」というずるさを見逃すとマネする子が増えていきます。そのほうが得をするのだから，当然です。そのため，集団に悪影響を及ぼすことは，「みんなが同じことをしたら，どうなるか。考えてごらん」と止めます。ルール，マナーを考えて生活している子が「先生がちゃんと言ってくれている」と感じられることが信頼につながります。

　それができないと，教室に安心感は生まれません。一緒に遊んでくれても，人当たりがよくても，明るく元気でも，誠実で一生懸命でも，クラスに秩序をもたらせられなければ，担任として信頼されません。

止めるべきところを止めるためには，アンテナを高くすることが必要です。アンテナを高くするには，自分が理想とする教室を，できるだけ具体的にイメージすることが大切です。そうすることで，止めるべきポイントを見逃さないようになります。**何月になっても，基準は４月**です。この言動は，４月でも止めていなかったかを考えることで，機嫌やモチベーションによるブレがなくなります。学級経営方針に戻り，「自分が目指す教室に，その言動はあってよいのか」と考える軸を常にもちましょう。

　自分の叱り方を日々，振り返ります。叱るのは，行動変容のためであり，子どもを責めるためではありません。そのことを肝に銘じて，叱るときのことば，タイミング，必要な叱りだったか，納得感はあったか，その後の改善は見られたか，を自問していくことが大切です。

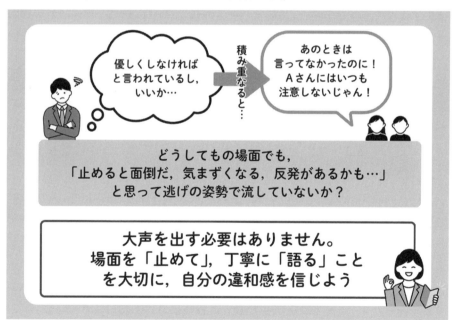

第1章　ポジティブチェックの習慣を支える教師のマインド

マインド 04 ことばを大切にする

　学級経営において，ことばの指導を大切にしています。心は，ことばに表れるからです。教室で使われることばで，その教室の空気は決まります。
　人が１日に思考する回数は，約７万回ともいわれ，その８割は，ネガティブな思考だそうです。つまり，放っておくと，ネガティブなことばが増えていくのは当然なのです。クラスが前向きでいるためには，使うことばを意図的に前向きなものにしていく必要があります。
　まずは，マイナスなことばをなくすことがスタートです。ことばの荒れは，軽い症状のうちに対処しておくことが一番です。放っておけば「きもい」「うざい」「だるい」「お前」「面倒くさい」「死ね」などのことばが，当たり前のように教室に飛び交います。「内輪で笑っていても，聞いている人が不快になることばはなくそう」と，学校が公の場所であることを伝えます。相手に対してだけではなく，「どうせ俺なんて」のような自分を卑下することばもなくしていきます。まずは，先生の前からなくすことを目指します。**「ことばを変える」ことに対しての教師の本気を示すこと**が大切です。
　それと同時に，前向きなことばを教えていきます。どんなことばを使えばいいかを知らなければ，増やしようがないからです。ことばを変えることで，その後の気持ちや行動，教室の雰囲気が大きく変わることを実感させていきます。「どうせ俺なんて」と言うか，「俺ならできる」と言うかで心持ちは大きく変わります。しんどいなと思ったら，漫画の主人公のように「いっちょやってみるか」「面白くなってきたな」と言うようにしていくのです。
　前向きなことばを使う子が増えると，教室は前向きな空気になっていきます。そうなると，気分がのらない子が後ろ向きなことばを言う前に，前向き

なことばが聞こえてきます。その後にマイナスなことばは,なかなか言い出せないものです。

クラスの子が使った,いいことばを流行にします。歌詞やＳＮＳで好きなことばを見つけたら,教えてもらいます。「勇気は一瞬,後悔は一生」「やればできる」などは,クラスで流行りました。

なお,教師のことばがお手本になっているかはいつも振り返る必要があります。ことばには,教育観が表れます。どんなことばをかけるかが,どんなクラスをつくっていくかに直結します。教室に増えてほしいことばを,まずは先生が「これでもか」というくらいに使っていきます。先生の口癖は,子どもたちに伝播していきます。**認めることばかけを続けていくことで,子どもから子どもへの承認のことばを広げていきます。**優しさのやり取りの積み重ねが,学級を仲間にしていきます。子どもがいいことばを使ったときを見逃さないようにすると,そのうち,**「今,それ,先生が言おうと思ったのに！」という状況が当たり前**になってきます。

みんなならできるよ
やってみようか！

Aさんならできるよ
難しそうだけど
やってみよう！

よい言葉は子どもから子どもへも広がっていく。
どんな言葉を使えばよいかを
まずは理解してもらうことから

まずはマイナスな言葉をなくすこと。
「言葉を変える」ことへの本気を示し
よい言葉を教室へ広げよう

第1章 ポジティブチェックの習慣を支える教師のマインド

05 先生の思いを素直に伝える
マインド

　若い頃,「子どもになめられてはいけない。でも,叱って関係を悪くしたくない。子どもに好かれる先生でありたい」と思って,叱ることに悩んでいました。
　そこで,もっと正直に自分の思いを伝えていこうと思うようになりました。「みんなのことを大切に思っているから,厳しいことも言う」「先生は,君たちのことを本気で考えている」「うっとうしいと思われても,みんなの成長のために,言うべきことは言っていく」と直接,伝えていったのです。

　実は子どもたちは,**先生が自分たちのことを大切に思っているとは,気付いていないことが多い**のです。これだけ一生懸命やっているから伝わっているだろうと思っても,多くの子には,伝わっていません。思っているだけでは伝わらないのです。まして,相手は子どもです。直接ことばで伝えること,「本音を本気で語ること」が大切です。
　先生というより,一人の人として,自分の思いを伝える機会をたくさんもちます。アイメッセージで「先生は,こう思っている」と伝えていくのです。
　そのときは,うまく語ろうとしないことが大切です。本気で話せば,伝わると信じます。「うまく話せないかもしれないけど,一生懸命話すから,一生懸命聞いてほしい」と伝えてから,語ります。相手の反応に期待するから,しんどくなっていくのです。「先生は自分の伝えたいことを,自分のことばで精いっぱい伝えるよ」でいいと思います。最後には,「真剣に聞いてくれて,ありがとう。嬉しかったよ」と自分の気持ちを伝えます。

「先生は，このクラスが大好きだ」「先生は，みんなのことを誇りに思う」「このクラスの担任ができて幸せだよ」と好意をことばで伝えることも大切です。私は照れてしまって苦手だったのですが，学級通信を活用して伝えるようにしてからは，できるようになりました。

　素直に謝れる先生でいることも大切にしています。「わざとじゃないから，しょうがないよ」「先生だって，間違うよ」という子どもの発言には，素直に感謝の気持ちを伝えることも忘れずに行います。
　ただ，先生が謝っていることに対して過剰に責めてくる場合は，「そこまで言う必要ある？」と止めることもあります。ミスをしたからといって，なんでも言っていいわけではありません。他の子どもが責められていても，同じことを言うのですから，先生も同じです。

子どもたちには意外と
先生の思いが伝わっていないことがある。
正直に，言葉で直接自分の思いを伝えてみては

素直な気持ちをまっすぐ伝える。
照れてしまって苦手な人は
文章を使って伝えてみよう

Column
意識して笑顔でいる

　私は，朝が苦手です。早起きして，バシバシ仕事がしたいのですが，なかなかできません。それでも，子どもと会うまでには，体と心のスイッチを入れて，上機嫌で会えるように意識をしています。心のスイッチが入らないときには，鏡の前で笑顔をつくり，ストレッチをして，体から心のスイッチを入れます。目指すのは，ハイテンションではなく，上機嫌です。基本は笑顔でいられるように，意識しています。

　気分で生きると人は，悲観的になるもの。意志の力で楽観的に考えていく必要があるのです。自分の意志で，自分を上機嫌にしていくのです。
　意識して笑わないと，大人はそんなに，笑わないと思います。先生が大きな声を出して笑っている教室って，それだけで安心できます。教師の笑顔も，教室環境の大事な要素です。笑いがない教室は，実は，先生があまり笑っていないのかも…と思ってしまいます。笑顔と上機嫌は，子どもに伝染していくと信じましょう。
　反対に子どもたちに「先生なんか怒ってる？」と言われるようでは，ダメだなと思います。過去の自分がそうでした。私は，子どもに威圧感を与えていたのだろうと思います。

　コロナ禍の頃は，マスクがあっても笑顔がわかるように，全力で笑顔をつくっていました。そう考えると，マスクのない今はやりやすいものです。そして，普段が笑顔だからこそ，厳しい顔とのメリハリがつくのです。
　先生が上機嫌でいれさえすれば，子どもは安心できます。子どもから元気をもらっていけばいいのです。楽しそうに，他愛もない話をしながら，徐々にテンションを上げていけばいいというスタンスでいます。

第2章 学級づくりを支える12か月のポジティブチェック習慣

4月のポジティブチェック

習慣01　学級のゴールイメージをもつ

> 先生の気持ち
> 「どんな子どもたちかな」
> 「どういうクラスを目指していこうかな」
> 「引継ぎを聞いたら，不安が大きくなってきたな」

心得　学級経営案をつくり，学級開きに備えよう

学年が決まったら，以下の順序で学級経営案を考えます。

①学校教育目標を確認する
②どんな子どもに育ってほしいかをイメージし，理想とする具体的な子どもの姿を書き出す
③ゴールイメージをもち，何を大切に，どんな手立てで，学級経営するかを考える

　子どもに会っていない状態では，考えるのがなかなか難しいかもしれませんが，ゴールイメージをもっておかないと筋道が考えられません。大切なことは，最初からいい案をつくろうと思わずに，**とりあえず，思いついたことを書き出してみること**です。こんな風に育ってほしい，こんな思いをもってほしい，こんな行動ができてほしい…などです。考える過程で自分の思考が整理されていきます。ちなみに，私は，「自分のことを好きだと言える」「他者を思いやれる」「失敗を恐れず，挑戦できる」「粘り強く努力できる」の4つを特に大切にしています。

学級開きもこの根本に基づいて行います。これが木の幹のイメージで，枝葉の細かいルールとどうつながっていくのかを考えていきます。**自分の育てたい子どものイメージをどれくらい具体的な行動に結びつけられるか**がポイントです。逆に，どんな行動は，自分の育てたい子どものイメージと反するのかも考えておきます。それが，具体的であればあるほど，望ましい姿を見逃さずにほめたり，叱ったりすることができるのです。

　そして，1学期の終わりまでにどこを目指すのかを考えておきます。願い事にならないためには，できるだけ綿密な計画が必要です。

子どもの名前の由来を考えながら，名前を覚える

　私は，名前を覚えるのが苦手です。会う前には，なかなか覚えられません。だから，名前の由来を考えながら，覚えるようにしています。

　名前に使われている漢字の意味を考えたり，調べたり，どんな願いをもって，保護者の方がその名前をつけられたのかな…と想像したりします。

　例えば，「直」という字は，まっすぐという意味があるから，まっすぐと育ってほしかったのかな。素直ということばもあるなあ。素直な子は，よく伸びるから，この子はぐんぐん成長するのかな…などと考えるのです。

　新学期の準備をすると，何度も子どもの名前を書いたり，氏名印を押したりする機会があります。そのたびに，そういう想像することで，自然と覚えていくことができます。

　もちろん，児童の引継ぎは，入念に行います。健康面に関することなどは，しっかりと覚えておかなければなりません。しかし，その子がどんな子か，過去にどういうトラブルがあったかなどの情報を聞いて，出会う前から印象を固めすぎてしまうことはしません。前担任の先生の捉え方についてはあくまで，参考程度にしようという意識で聞いておきます。

4月のポジティブチェック

習慣 02 学級開きで自己開示する

> 子どもの気持ち
> 「どんな先生かな」
> 「新しいクラスは緊張するな」
> 「友達と同じクラスになれるかな」

心得　子どもたちの緊張をほぐし安心感をもてるようにしよう

　初日に行うのは，①学級経営方針を語る　②ミニレクで笑顔に　③自己紹介で自己開示　です。この３つができるように時間配分を考えます。

　最初は，始業式での様子を具体的に，ほめることからスタートします。始業式中のクラスの子の様子をメモしておきます。特に，気になる子の頑張りを見つけて，名前を呼んでほめていきます。

　次に，一人ひとりの名前を，目線を合わせて呼んでいきます。みんなにひと言ずつ声をかけていきながら，空気を徐々にあたためていきます。

　そして，学級経営方針に基づいて自分の思いを語ります。ここで，学級通信を使うことで，話したい内容を整理できますし，保護者にも自分の思いを伝えることができます。先生が目指しているゴールを子どもに具体的に伝えることは，子どもにいい影響を及ぼします。

　その後，５分ほどのレクをして，子どもを笑顔にします。変な空気にならないように，簡単な協力系のレクをします。揃う楽しさを感じられるので，拍手を使ったものをすることが多いです。楽しい時間の共有が目的です。

　初日で大切なことは，「どんな思いで下校させるか」を意識することです。保護者は心配な気持ちで待っています。帰宅後「どうだった？」と尋ねたと

きに,「今日,楽しかった」「先生は優しそう」「先生からほめられた」「先生がこんなこと教えてくれたよ」などのことばが出たら,保護者は安心します。

Plus1アクション
自己紹介で自己開示を行う

　最初の自己紹介では,できるだけ自己開示をします。先生がどんな人がわかることは,安心感につながるからです。下校後,子どもが保護者に伝えるお土産をたくさん持って帰るイメージで自己紹介を考えます。

　家族のこと,頑張ってきたこと,好きなこと,苦手なこと,好きな食べ物,嫌いな食べ物,はまっているもの,小学生のときどんな子どもだったか,などを話していきます。子どもたちは失敗談が大好きなので,苦手なことや嫌いな食べ物,小学生のときの失敗エピソードを入れながら話すことで,親近感が湧きます。意外な一面も,どんどん見せていきましょう。

　理念としては,大切にしている考え方,どんなクラスにしたいか,などを理由とともに語ります。通信に書いたことを詳しく説明していきます。

> 先生は,サッカーも好きだけど,読書も好きで,3年生の頃は,ゾロリシリーズをずっと読んでいました。今でも,毎日本を読んでいますよ。ちなみに,漫画も大好きです。

> 読書が好きなのは,意外!僕もゾロリよく読むよ!漫画の話をしたい!

> 好きなものについて,またゆっくり話しましょうね。

　たくさんの子との話題をつくれるように,漫画,ゲーム,スポーツ,読書,ペット,などいろいろな話題を入れます。自己紹介という最初の授業を通して,子どもの様子をよく観察すること,ほめことばをたくさんかけること,静と動のメリハリをつけることを意識しましょう。

4月のポジティブチェック

習慣 03 「当たり前」を見逃さず,ほめる

子どもの気持ち
「怖い先生じゃないかな,優しい先生だといいな」
「どんなことをすると,叱る先生なのかな」
「何をしたら,ほめてくれるのかな」

心得 「○年生だから,これくらいできて当たり前」を捨てよう

　4月の出会いのとき,クラス替えもあり,一人ひとりの当たり前の感覚は,それぞれ違います。そして,子どもたちは,先生をよく見ています。「怖い先生じゃないかな」など,不安と期待が入り交じった気持ちです。

　そんな中で,出会いの時期に先生が大切にしたいことは,「当たり前を当たり前と思わない」ことです。

　自身の学級経営方針(どんなクラスにしたいか,どんな子どもたちに育ってほしいか)を基にして,広がってほしいと思った行動,続けてほしいと思った行動を見逃さずに,ほめる。**「先生は,自分のことを肯定的に見てくれる人なんだ」という,積み重ねが学級の風土をつくっていきます。**そして,先生との関係もつくっていきます。

ほめる場面を意図して仕掛ける

　初日から,ほめる機会をたくさんつくるために,仕掛けを考えておきます。例えば,新しい教科書を取りに行く場面では,「出席番号の○番から○番の人は,取りに来てください」と言うのではなく,「教科書を運びたいんだけ

ど，来てくれる子いますか？」と聞きます。そうすることで，主体的に動こうとする姿をほめる機会ができます。「たくさんの人が手を挙げてくれて，嬉しいなあ」「〇〇さんは，迷わずパッと手を挙げてくれたね」「みんなのために動ける姿勢が素晴らしいね」などのことばかけができます。1日の流れをイメージしておいて，**どこでほめる場面をつくれるか想定しておく**といいですね。

Plus 1 アクション
写真を撮って，よさをみんなで考える

　ほめたい場面を見つけたら，ことばで伝えるだけではなく，写真に撮って子どもたちに見せます。「提出したノートが揃っている」「検診のときに座って待っている姿勢がいい」「消しかすを落とさず，机の端に集めている」など，先生がいいなと思ったときには，すぐに写真を撮るようにします。それをテレビに映して全員に見せ，以下のような流れでよさを考えさせます。

🧑‍🏫 先生，さっき，思わず写真を撮ってしまったんだけど，なぜかわかる？
👥 消しかすを，集めていることがいいと思います。
🧑‍🏫 そう！でも，どうしてそれがいいことなの？

　一方的に「ここがいいよね」と先生が伝えるよりも，質問をしてよさを考える時間をとることで，子どもたちは前のめりに写真を見ようとします。「消しかすを，最後にごみ箱に捨てようとしているのがいい」「教室のことを考えている行動だからいい」「これをみんながすると，教室がきれいになると思う」など考えが広がります。子どもたちの意見をしっかりと認めたうえで，「教室は自分の部屋とは違って，みんなで使う公の場所です。そのことを意識して過ごせるといいですね。いつもきれいな教室をみんなでつくっていきましょう」というように，先生の思いも語っていきましょう。

4月のポジティブチェック

習慣 04 教室に安心感を確保する

> 子どもの気持ち
> 「失敗したら，笑われるのかな」
> 「先生は，自分を守ってくれるのかな」
> 「みんなと違うことをして，目立ちたくないな」

> 心得
> 教室に安心感をもたらすのは，
> 担任の最重要事項と心得よう

　教室に安心感がなければ，一歩踏み出して，挑戦しようと思えません。失敗を恐れて挑戦しなければ，成長はありません。教室に安心感があることは，子どもたちが成長していく土台となります。そして，教室に安心感をもたらすのは，担任の先生の役割なのです。
　「この先生は，自分に何かあったときに，絶対に守ってくれる人だ」
　「この先生は，困ったことがあったら，いつでも相談できる存在だ」
　と全員に思わせること。この2点が安心感につながっていきます。

初日に，厳しく叱る基準を示す

　学級開きで「先生が厳しく叱る3つのこと」を伝えておきます。私は，①自分の体や心を傷つける行動をしたとき　②友達の体や心を傷つける行動をしたとき　③うそをついたり，ごまかしたりしたとき　の3つを伝えています。このときに大事にしているのは，「みんなのことを脅したくて，このことを言っているわけではないんだよ」と伝えることです。
　理由を具体的に伝えます。②を例にすると，

「友達に暴力をふるう子に，笑いながら『やめようね〜』と言っていたらどうですか？友達が発表して間違ったときに，『ダサっ！』と言った子に，『そういうこと言わないよ〜』とのんびり伝えていたらどうですか？そんな教室では，安心して過ごせませんよね。そんなことは，絶対にあってはいけません。教室は，全員にとって安心できる場所でないといけません。その安心があるからこそ，いろいろなことに挑戦し，自分らしさを発揮することができるのです。だから，友達の体や心を傷つける行動は，厳しく叱ります」
　このように語り，安心感やみんなの成長のために行うことを伝えます。

Plus1 アクション
最初に示した基準に触れたことを止めて，きちんと叱る

　最初に宣言した場面を見つけたときは，止めて，厳しく叱ります。大きな声で威圧するということではありません。**真剣な表情で，場の空気を止めてから，叱る**ということです。

- 🧑‍🏫 ストップ。止めます。今のことばはダメだ。初日に伝えたよね。友達の心を傷つけることばは許さないと。そんなことばが飛び交う教室では，安心して自分の意見が言えない。友達を傷つけようとして言ったの？
- 🙂 何も考えず，言ってしまいました。
- 🧑‍🏫 そうか。信じるよ。でも，そういうひと言で，もう発表したくないと思う子だっているんだよ。十分に気を付けなさい。

　「先生は言ったことを本当にやるんだ」ということを示すのです。ただ，そのことばを故意的に使っていない場合も多いです。癖で言ってしまうという感じですね。それも理解したうえで，一つひとつのやり取りを丁寧に行っていくことが大切です。

第2章　学級づくりを支える12か月のポジティブチェック習慣　033

4月のポジティブチェック

習慣 05　ルールや仕組みを丁寧につくっていく

子どもの気持ち
「なんでこんな仕組みがあるのかな」
「前の先生のときはこうだったのにな」
「面倒だから，ルールがなければいいのに」

心得　仕組みをつくっていくときは，「納得感」をもたせることを意識しよう

　教室には，ルールや仕組みなどの決め事が必要であり，仕組みを整えることは，クラスを安定させるためのポイントです。
　そこで大切なのは，ルールや仕組みを決めていくときに「趣意説明をして，納得感をもたせること」です。「なぜそのルールが必要か」「そのルールがあることで，どんないいことがあるか」を説明したり，考えさせたりします。
　ルールの目的は「みんなが安心安全に過ごせること」です。先生のためではありません。だから，ルールはみんなが納得するようにする。成長に合わせて変えていく。少なくしていくのが理想。という認識も共有しておきます。

スタンダードのやり方を確認して，学年で相談しておく

　学校で決められているルールや多くの先生が実践している方法などを事前に聞いておきます。学年の先生のやり方も聞いておいて，その方法のよさも教えてもらいます。**まずは，自分自身が納得しておくことが大切**です。
　前年度にその学年を担任していた先生に確認することも有効です。「去年の先生は，こうだったのに」と言われても，ひるまず，「今年はとりあえず，

このやり方でやっていこう。なぜかと言うと…」と伝える余裕ができます。子どもが前年度のことを言うときは，自分たちにとって都合のいいときだと思っています。子どものことばに押されてルールを変更してしまうと，「この先生は，押せば，ルールを変えてくれる」と思うことになります。後のことを考えてもよくありません。もちろん，やっていく中でよりよくしていく案があれば，提案を募って話し合い，変えていくことは大切です。

Plus 1 アクション
ルールを提案して，シミュレーションをやってみる

　私のクラスでは，「朝，教室に入るときはできるだけ大きな声であいさつをする。全員があいさつを返す」というルールがあります。最初に提案したときには，「恥ずかしい」「来た人の方を毎回向くのは大変」などの意見がありました。そこで一度シミュレーションをします。実際に，一人にランドセルを持って廊下に行ってもらい，教室は朝のときの様子を再現します。教室に入ってきて，あいさつを先生しか返さないパターン，全員であいさつを返すパターンの両方をします。あいさつが苦手な子バージョンも試してみます。子どもたちに感想を聞き，クラスの雰囲気の違いについても聞きます。説明，指導するだけではなく，実際にやってみることでよさを実感させるのです。

👨 実際にやってみて，みんなからの感想を聞きました。明日から，入るときにあいさつ，全員であいさつを返す，をやってみようか？
👥 忘れないようにやってみる。小さい声かもしれないけど。
👨 小さい声の人にも，大きい声であいさつを返して，安心させてあげよう。

　先生が決めて押しつけたという印象にならないように，ともにつくっていくという姿勢を示すことが納得感につながります。

4月のポジティブチェック

習慣06 クラスで起こった素敵なことを可聴化する

子どもの気持ち
「みんなのためになる行動をしたいけど，何をすればいいのだろう？」
「ほめられた友達のマネをするのは，恥ずかしいな」

心得 **ほめるときは，常にクラスへの影響を考えておこう**

「よい行動を見つける」という強い意志をもって，子どもを見ていきます。そこで，見つけたよさをその子に伝えるだけでなく，他の子たちにも広げていくことが学級経営においては大切です。

「よい行動をしたい」「クラスの役に立ちたい」と思っていても，どんな行動をすればよいかがわからなければできません。どういう行動が友達のためになるのか，思いやりのある行動とはなんなのかを具体で伝えていくことで広がっていきます。ほめるときは常にクラス全体への影響を意識しましょう。

マネすることが認められる教室へ

学ぶことの語源は，「真似ぶ」だといわれます。「よい行動をマネしていくことで成長する」「マネすることは，いいことだ」「よさをマネていくことに，学校で学ぶよさがある」という価値を子どもと共有します。

そして，先生がよいとほめた行動をすぐにマネした子を見逃さず，ほめることが大切です。よい行動をしたことだけでなく，よい行動をマネしてみようとする素直な心もほめるのです。

> **Plus1アクション**
> 聞かせようとしすぎないことで
> 聞きたい気持ちを起こさせる

　子どもによっては，みんなの前でほめられるのを照れくさいと感じる子もいます。また，「先生はその行動を広げたいがために，ほめているんだな」と思われてしまうこともあります。その意図がないわけではありませんが，**心から感心しているということが伝わらなくなっては，意味がありません。**

　そこで，「つぶやき」を活用します。周りの子に聞こえるか聞こえないかの声量で伝えます。聞こえないから，聞きたくなります。笑顔でやり取りしている様子を見て，先生からほめられている様子はわかります。それを見た子が，「先生，さっきあの子になんて言ってたの？」と聞いてきます。そこで，「実はね…」と言って広げるのか，「それは，秘密だなあ」と言うのかはケースバイケースです。先生が言わなくても，その子に聞きに行けばわかることなので，他の子にも伝わります。

　自分が見つけたよい行いをみんながマネして，自分の仕事がなくなってしまうような場合は，こそっとその子だけに感謝や感心のことばを伝えます。児童のタイプに合わせて，ほめ方を使い分けられるようにしましょう。

👨 さっき，並ぶときに友達に道を譲っていたね。急いでいるときに，相手を優先する行動ができる人は，大人です。○○さんの素敵なところだね。
👀 先生さっき，○○さんに何を言っていたの？
👨 それは，言えないなあ。○○さんに聞いたら，教えてくれるかもよ。

　「素直な人は伸びる人」いつも子どもたちに伝える私のクラスのキーワードの１つです。よいと思ったものをすぐにマネできる，試しに１回やってみることができる人は，柔軟な姿勢をもって伸びていくことができます。

4月のポジティブチェック

習慣07　凡事徹底と率先垂範を１年間忘れない

「先生は，自分の言ったことをしているのかな」
「あいさつや返事って，面倒だな」

心得　５つに絞って意識し続けよう

　凡事徹底とは，なんでもないような当たり前のことを徹底的に行うこと。
　率先垂範とは，人の先頭に立って，模範を示すこと。
　「あいさつ，返事，拍手，椅子しまい，感謝のことば」の５視点で実践しています。先生がやらせきる覚悟をもつことが大切です（森信三先生の「躾の三原則」（あいさつ，返事，後始末）を参考にしています）。
　４月は，金大竜先生の実践を参考に毎日あいさつ対決を行い，先生より先にあいさつできた児童を名簿でチェックしています。先にあいさつする習慣を身につける，あいさつの心地よさを実感させるためです。先生も本気で勝ちにいき，朝の会で何勝何敗かを伝えます。
　名前を呼ぶときには，確実に返事をさせます。返事は，「返り事」ですので，聞こえる声でできるまで練習します。「はいっ」の「っ」を意識させて，歯切れのよい返事をさせます。返事をさせる呼び方も大切です。返事がしたくなるような，呼名，号令を意識します。毎回，返事の後に，必ず個別評価をして，「いい返事！」「もう少し」「もう１回！」としていきます。
　よさを認め合える集団にするために，拍手は必須です。緊張をほぐし，あたたかい雰囲気と一体感を教室にもたらします。拍手の指導は，「強く，細

かく，相手に向けて」をキーワードに指導します。最初は，先生が「このタイミングで，拍手でしょ」と，どんどん拍手をさせていきます。「先生よりいい拍手を目指してごらん」と見本を示し続けます。続けていると，よい行動に対して，自然と力強い拍手を送れる教室になっていきます。

　椅子しまいは，後始末の基本です。「席を立つときに，椅子をしまえない人は，トイレを流し忘れるくらい恥ずかしいよ」とユーモアを交えて，説明します。椅子しまいが習慣になるまで，ことばかけを続けていきます。

Plus1アクション
行動させてみて，価値付けして，よさに気付かせる

　趣意を説明して，納得したうえでやってみることが基本です。しかし，ときには，「先生がいいと思うから，とりあえずやってみよう」という風に行動を先にさせてみます。行動したうえで，価値付けを行い，感想を聞きます。

👨 手紙を渡すときには，両手で渡して，どうぞって，笑顔で言ってごらん。もらった人は，目を見て，ありがとうって言ってごらん。全員がそれをすれば，教室の雰囲気が変わるはずだから。今から試しにやってみよう。
👀 （実際に大げさなくらいにやってみる）
👨 どうだった？先生は，あたたかい空気を感じたよ。だって，手紙1枚配るだけで，35回のありがとうが聞こえてきたんだからね。みんなは，やってみてどう感じたかを教えてくれる？

　よさを共有していくことで，感謝のことばは，自然と使えるようになっていきます。それ以外の場面でも，当たり前に，ありがとうのことばが言えるように，広げていきます。もちろん，**先生が先頭の子に手紙を渡すときに，笑顔で「どうぞ」と伝えることは，ずっと続けていかないといけません。**

4月のポジティブチェック

習慣 08　学級通信でつながる

子どもの気持ち
「家で学校のことを聞かれても，何を言えばいいか困るな」
「(保護者) 先生は，どんなことを大切にして子どもと関わってくれているのだろう？」

心得
ハイリターンの学級通信を活用しよう

　学級通信は，大変な実践だと思います。慣れれば，15分ほどで書けるようになりますが，最初は1枚書くのに，1時間以上かかってしまうこともありました。一方で，「子どもと保護者に自分の思いを伝えられる」「教室で起きた素敵な出来事を共有できる」「ほめる機会を意識的にもてる」「自分の実践の振り返りができる」「記録として残すことができる」など，かけた時間分のリターンがしっかり返ってくる実践でもあります。
　発行の頻度については，無理のない程度にというのが基本ですが，週に1枚というように自分で決めて取り組むのもいいですね。

学級通信で保護者とつながる

　保護者は学校のことを知りたくても，年に数回の参観や懇談，子どもから聞いた情報，保護者同士の噂話くらいでしか知ることができません。しかも，その情報はどこまで本当のことかわかりません。そこで，**学級通信での情報開示は，保護者とつながる強力なツール**になります。
　教室での具体を通して自分の考えを知ってもらえること，教室の雰囲気を

伝えられること，協力をお願いできること，自分の実践の意図を説明できるなどたくさんの利点があります。

子どもの名前をどんどん出して，ほめていきます。写真もたくさん載せていきます。成長の事実とそれにつながる教師の思いや願いを発信しましょう。

たくさんの人に読んでもらえる文章を書く機会は貴重であり，最高のアウトプットになります。続けることで，子どもを見取る視点も磨かれ，自分の力も高まります。1年間続けることで，大きな差になっていきます。

Plus1アクション
思いをのせて，読み聞かせる

学級通信は，必ず読み聞かせます。子どもたち一人ひとりの顔を見ながら，じっくりと語り聞かせる時間を大切にしたいからです。

👤 昨日した話を，通信に書きました。大切なことなので，保護者の方にも知ってほしいし，みんなにも，もう一度伝えたいと思ったからです。それでは，付け加えながら読みますね。…聞いて，どう思いましたか？

👥 ことばに心は表れるので，もっとことばを意識しようと思いました。

👤 伝わって嬉しいです。ちゃんと聞いてくれてありがとう。いいことばがあふれる教室にしていこうね。

教室で起こったことに対して，その場で価値付けし，ほめたり，語ったりすると思います。その内容を，放課後に通信に書きます。そうすることで，自分の頭も整理されますし，追加で伝えたい内容を付け加えることができます。その通信を，翌日読むことで，子どもたちに再度考えさせることができます。大事なことは，何度でも伝えてあげることが大切です。

4月のポジティブチェック

> **習慣 09** 明確な意図をもってレクを行う

子どもの気持ち
「友達がいるから，クラス全員と仲良くならなくてもいいや」
「異性の子とは，関わるのが恥ずかしい」
「班に仲のいい子がいない。最悪だ」

心得 レクを通して
誰とでも協力できるクラスにしよう

　学級レクは，教育的意義を意識して行うことが大切です。ただ時間をつぶすための遊びとしては，もったいないです。子どもたちには，**「誰とでも楽しく遊べるクラスは，いいクラス」**と伝えています。「楽しく遊ぶためには，指示が聞ける，切り替えができる，ルールを守れる，勝ち負けにこだわりすぎない，ネガティブなことばや態度を我慢する，友達を思いやる，などたくさんの要素が必要になるからです。レクを通して，それらのことを練習していきます」と伝えます。

　また，レクは先生と子どもとの関係も近づけてくれます。楽しい遊びをたくさん知っていて，上手に仕切ってくれる先生に，子どもはいい印象をもつからです。短い隙間時間を活用していくことで，手軽に取り組みましょう。

ゲームで子どもを意識的につなげる

　同じクラスで名前は知っていても，自分から友達とつながろうとしない子も多いです。放っておくと，人間関係は固定化されます。つながりができなければ，安心感はなく，安心感がなければ，活発な意見交流はできません。

子どもの関係性を知り，こちらが意図的に，子ども同士の関係をつなげていく必要があります。ゆるやかなつながりをたくさんつくっていくイメージです。そのうえで，どんなレクをどんな順番で行うかを考えます。

Plus1アクション
意図を丁寧に語り，前向きな振り返りをする

遊びをする前に，意図を丁寧に語ることで，なんのために，このレクをするのか理解させることが大切です。

👤 このレクでは，自分のカードの内容を班の子に伝えないといけません。カードを見せるのは禁止です。つまり，班の子に伝わる声で話すこと，班の子は，しっかり話を聞くことが大切です。話すのが苦手な子がいたら，近くに寄ってあげるといいね。優しいことばかけを期待しているよ。

👥 負けたから，面白くなかったな…。

👤 悔しい気持ちはわかる。でも，最初に言ったように，目的はチームが仲良くなること，協力できるようになること。そういうことばは口に出さず，我慢できる人になろう。負けたけど，協力できて，仲良くなれた。チームの子にありがとうと言えるとかっこいいね。

ゲームの最中は，子どもたちの様子をよく観察します。体の向きはどうか，声の大きさはどうか，困っている子に優しくしているのは誰か，勝負にこだわっているのは誰か，心の距離感はどうか…。ゲームの意図や目指す姿を意識しておくことで様々な姿が見えてきます。

ゲーム後には，振り返りを行い，よかった点を価値付けることが大切です。勝ち負けにこだわりすぎる子に対する毅然としたことばかけが必要な場合もあります。最後には，いい雰囲気で終われることを意識しましょう。

4月のポジティブチェック

習慣 10 休み時間に子どもを見取る

> 子どもの気持ち
> 「休み時間に先生と遊びたいな」
> 「あの遊びに入りたいけど，不安だな」
> 「ズルする子を叱ってほしいな」

心得 授業とは違う一面を意識して見よう

　子どもは一緒に遊んでくれる先生が大好きです。家でも先生と休み時間に，遊んだことを伝えてくれる子も多いです。「先生と遊んだ休み時間の話をよく聞きます」と保護者に言われることも多いです。先生が遊びに行くことで，いろいろな子を巻き込んで遊ぶことや，望ましい遊び方を教えることもできます。いつもズルをしてしまう子へのことばかけの仕方や関わり方の見本を見せてあげます。いろいろな子に意図的に声をかけ，遊びの輪に入れてあげることで，次は自分から参加できるようになる子も多いです。先生がつながるきっかけになってあげるのです。

　授業中には見えないよさや意外な一面，人間関係も見えてきます。授業中はおとなしい子が，遊びではみんなを仕切って，上手に遊びを回していることもあります。また，遊びから関係をつくっていくことで，指導がしやすくなります。やんちゃ君とつながるには，一緒に遊ぶのが一番です。遊びの中で，ともに笑い合って，同じ出来事を共有できるのは，大きいです。**縦の関係ではなく，対等の立場でことばかけができるのが，遊びのよいところ**です。

　1つ気を付けたいのは，一緒に遊ぶ際に，先生が審判にならないようにするということです。先生がいないとうまく遊べないようになってしまっては，

意味がありません。遊びの中で，子どもたちは折り合いをつけることを学んでいきます。一緒に遊ぶけど，小さなトラブルは，自分たちで解決していけるように，意識しておくことが大切です。

　教室で仕事をする場合は，「8割仕事で，2割は子ども」くらいの意識でいます。聞き耳を立てていたり，たまに全体を見渡したりしながら，仕事をします。丸つけに集中する5分も大事ですが，意識を全体に向けておくことで，無駄なトラブルが減り，結果的に放課後が楽になることもあります。

Plus1アクション
「実は，見ていたよ」ということをコソッと伝える

　少し離れたところから，様子を見ることも大切です。運動場の様子を教室から見ていると，ズルをする子や友達に優しくしている子が見えます。先生がいない場では，誰がどのように遊びを仕切っているのかが見えてきます。教室では見えてこない差別構造が見えることもあります。

　休み時間の終わりに，一人にコソッと，その時間にあったことを話します。よかったことなら，認めてあげて，よくないなと思うことなら，くぎを刺しておく感じです。大きなトラブルの種を摘んでおくことにつながります。

🧑 休み時間の最後に，どうして，○○君にボールをパスしてあげたの？

👥 なんで，先生知ってるん？見てたん？…○○君，1回も投げられてなかったから，渡しただけやけど…。

🧑 そうだろうなと思ったよ。そういうところが優しいよね。周りのことがよく見えている。○○君も嬉しかったと思うよ。

　「実は，見ていて，知っているよ」と伝えることは，安心感につながります。あくまで，たまに，そっと言ってあげることがポイントです。

4月のポジティブチェック

習慣11　忘れものは「忘れたときにどう動くか」を大切にする

> 子どもの気持ち
> 「忘れものをしてしまった。隠しておきたいな」
> 「どう言ったら，叱られないかな」
> 「お母さんに知られたくないな」

心得

「今からできること」に視点を向けよう

　忘れものをしないようになることは，将来のことを考えると絶対に必要です。「忘れやすいタイプだからしょうがない」と思って指導しないことはよくないです。忘れものによって損をするのは，その子自身だからです。そこで，忘れものをしないようにする方法を，自分なりに身につけていく必要があります。時間をかけて指導していく心構えが教師側に必要です。

　忘れものの種類を見極めて指導してあげることが大切です。「自分でできることか」「保護者の協力がいることか」ですね。何度も忘れものをする子に，よくよく話を聞いてみると，「お母さんに伝えても忙しくてなかなか買いに行けない」「ノートを買ってきてもらったけど，違うマス目だった」という場合もあります。「どうせ○○だろう」ではなく，「もしかすると，○○かもしれない」という意識を常にもって指導していきましょう。

　大切なのは，「忘れものをしたときの対応」と「次は，忘れないようにする対応を考えること」です。つまり，「忘れたときにどう動くか」を考えるのです。忘れものをしたら，すぐに連絡帳に赤で書き，授業が始まる前に，正直に伝えます。そこで，「貸してください」などと自分のことばで伝えます。次は忘れないためにどういう方法をとるかまで言えることが大切です。

忘れものの対応ひとつとっても，クラス全体への影響を考えて行う必要があります。忘れものに対する指導をすることと，助けないことは全く違います。学校で，今自分にできる対応を考え，実行したときには，認めてあげることが必要です。トラブルの元になるので，基本的に友達同士の貸し借りはしません。きちんとした対応をした後は，先生は困っているその子を助けてあげます。その様子を見せることは，教室の安心感につながります。

Plus 1 アクション
レンタルボックスを設置しておく

　無駄な時間と怒りを生まないためにも，レンタルボックスを設置しておきます。鉛筆やノートの紙などの文具を種類ごとに入れておきます。
・連絡帳に忘れたものを赤で書いて，先生に伝えてから借りる。
・基本は，休み時間に借りに来る。
・その日のうちにお礼を伝えて返す（鉛筆は，削ってから返す）。
・ノートの紙は後日ノートに貼っておく（片面印刷にしておきます）。
などのルールを共有して，レンタルボックスの横に貼っておきます。

👤 忘れものに気付いたら，隠さず正直に伝え，今からできることを自分で考えて行います。そのうえで，必要なものは，先生が貸してあげます。先生が，みんなと同じ学習ができるように，フォローします。
👥 正直に言えば，叱られませんか？
👤 今後，忘れものがなくなるように，話はします。どういう方法がいいか，一緒に考えていきましょう。保護者の方の協力が必要な場合もあります。

　焦らず，丁寧に指導していく必要があります。「あれだけ言ったのに…」と余計な怒りをもたず，でも，毅然と対応していきましょう。

4月のポジティブチェック

習慣 12　朝の会と帰りの会で1本の筋を通す

「朝の会って，なんのためにするの？」
「帰りの会，早く終わらせて帰りたい」

心得　会を行う目的を共有しよう

　「朝の会と帰りの会はなぜするのか」を子どもと一緒に考えること，先生が趣意説明をすることが大切です。私は，朝の会は「1日の見通しとめあてをもち，学校モードへ切り替えるため」と考えています。帰りの会は，「1日の頑張りを労い，明日への希望をもつため」だと考えています。なので，ネガティブな活動は基本的にしません。

　そして，時間をかけすぎないようにしています。一方で，紙に書かれたことばを読み，連絡事項を確認するだけの時間にはしたくないです。**1つだけでも，クラスでオリジナルの活動を入れましょう。**1年間，同じ活動にするのではなく，こちらから選択肢を与えたり，子どもたちから意見を募ったりして変えていき，マンネリ化を防ぎましょう。

朝の会・帰りの会で気を付けたいこと

　教室の雰囲気はその日によって違います。朝の会では，子どもたちの表情，返事や起立の様子，クラスの空気感をよく観察します。全員と目を合わすためにも，全体を見渡しながら前に立つようにしています。

その日の雰囲気に合わせて，先生の話をします。空気の調整をするイメージです。ゆるんでいるなら少し引き締めて，かたい感じなら少しゆるやかにします。基本は，もちろん笑顔です。
　1日の見通しはできるだけ細かく伝え，1日のめあてをしっかり共有します。できるだけ細かく伝えることで，子どもが考えて動くことにつながり，ほめる機会を生み出すことができます。
　その日の予定や気を付けること，朝の1ほめ，1日のめあてを簡潔に伝えます。事前に伝えることを整理しておいて，テンポよく話すことが大切です。
　帰りの会は，時間をかけずにあっさり終わらせたいですね。係活動，ほめことばを伝え合う，読み聞かせ，振り返りを書くなどいろんな活動をしてきましたが，子どもたちは，下校のことで頭がいっぱいなので，やるとしても1つに絞り，定期的に変えていくことをおすすめします。

Plus1アクション
帰りの会でのほめるお話

　朝の会で伝えたことを基に，帰りの会で先生から，よかった点を伝えます。全体と個人の両方で伝えられたらいいですね。

😀　今日は着替えのスピードがよかったね。男子も女子も○分には整列が完了して予定より早く体育が始められました。試合の時間が長くとれました。○○さんがみんなに優しくことばかけしていたのも，素敵でした。拍手！
👥　○○さんも，着替え部屋で女子にことばかけしていました。
😀　先生のいないところでも，そんなことが。素敵だね。拍手！

　ここでほめることができるように逆算して，指導をしていきます。振り返りの後，次の日のめあてを子どもと考えておくと，翌日につながります。

4月のポジティブチェック

習慣13 子どもが考えて動ける給食の時間にする

子どもの気持ち

「決まった量を食べられるかな。残して怒られたら，どうしよう」
「嫌いなものが出たらどうしたらいいかな」
「当番するのが，面倒だな」

心得　給食準備は，協力の練習をしている時間だと意識づけよう

　「給食準備の時間は，クラスで協力の練習をする時間」だと伝えます。「静かに，素早く，思いやりをもって」行うのです。給食準備の活動を通じて，クラスを育てていく意識をもちましょう。残食が出ないように配食をしている，道を譲る，こぼれたものを拭いているなどの心配りが見えやすい時間でもあります。見つけたよさをたくさん価値付けていきましょう。

　細かいルールを決め始めたらきりがありませんが，**基本となるのは「ずるいと思われることはしない」**ことです。苦手なものを減らして好きなものを増やすのはずるいですが，苦手なものは減らしたけど残食となってしまうものを増やすことは，ずるいとはならないと思います。そのあたりの価値観を，子どもと丁寧に共有します。細かいルールよりも，モラルで考えます。話し合いながら，みんなが納得できる形をつくっていきましょう。

　当番以外の子も「自分のできることを考えて動く」ようにします。クラスのためになることをしていくのです。早く食べた子は，片付けやおかわりサポートに回ります。「おかずがあと〇人分ほどで完食です。ひと口食べられる人はいませんか？」「パンを小さくちぎるので食べられそうな人は来てください」と声をかけてもらいます。先生が言うよりも残食が減ります。

タイムを計って，準備の工夫を主体的に考える

毎日，給食準備（給食当番が帰ってきてから，いただきますまで）のタイムを計ります。必要に応じて，着替えの時間や片付けの時間などを計ることもあります。遅いことを叱るためではなく，早いことを喜ぶためのスタンスが大切です。遅いときには，原因を考えます。ベストタイムは記録しておき，新記録を達成したら，乾杯をして喜び合いましょう。

Plus1アクション
ごちそうさまの前のポジティブなことばかけを習慣にする

全員が片付けを終えて着席した後，ごちそうさまの前に，先生からポジティブなことばかけをひと言だけ，毎日伝えます。

- 🧑‍🏫 今日の給食でいいなと思ったのは，○○さんが，自分が最初に減らしたパンをおかわりに来ていたことなんだ。食べきった後に，まだ食べられそうと思って，減らした分を増やしに来ることは，とってもいいことだよね。
- 👥 私も見ていました。最初減らした量より，増やしていたと思う。
- 🧑‍🏫 頑張っているところを見ていたんだね。みんなも無理せず，食べられる量を増やしていければいいね。

ほめるのは，準備について，片付けについて，マナーについて，残食についてなどです。気になることを指摘することもありますが，その場合も，できるだけよかったこととセットで伝えるようにしています。

気になったことは課題として，「明日は気を付けよう」と前向きな姿勢で語ることを大切にします。

4月のポジティブチェック

習慣 14 掃除の時間は「気付く人」を大切にする

子どもの気持ち

「掃除って，面倒くさい」
「怒られないように，さぼろう」

心得 掃除を通して心を磨く意識を伝えよう

　掃除の時間が，さぼりを見つけて叱る時間にならないように手を打ちます。放っておくとさぼってしまうのは，自然なことだからです。そのために「なぜ掃除をするのか」を自分のことばで語れることが大切です。

　「掃除をすることで，気付ける人になる，人のために働ける人になる，協力して働ける人になる，工夫できる人になる，我慢できる人になる」と，掃除の意義について語ります。汚れたところをきれいにする掃除から，**きれいに見えるところをもっときれいにする掃除ができる人**に育てていきましょう。

モデリングと毎日のことばかけの大切さ

　掃除の時間は，「教師が一番汗をかく」を意識します。教師が一生懸命に掃除をする姿を，見せることが大切です。「角に汚れがたまるよね」「ここにも汚れがあった」とつぶやきながら掃除をしていくことで，見ている子はどんどんマネをしていきます。特に大変な床の雑巾がけを一緒にすることをおすすめします。教師自身も一緒にすることで，掃除の大変さに気付く，さぼってしまう子の気持ちがわかる，さぼらずに頑張っている子のすごさがわか

るなどの効果もあります。その実感をもつことで，子どもに対することばかけが変わってきます。

　3分前に掃除を終えられることを目指します。そうすることで，用具のチェックやごみの取り忘れを確認できますし，全員で教室に集まって，先生からのひと言を伝えられます。いろいろな場所で頑張っている様子を先生から具体的によさとして伝えられると，翌日の意欲につながります。

Plus1アクション
「ちゃんと」を具体的に示して教師とのズレをなくす

　「ちゃんときれいに」と伝えても，一人ひとり感覚は違います。最初は，仕事を細分化して，一人ひとりがすることや順序を明確に示してあげることが大切です。「誰が，どこを，どのように，どんな順番で，終わったら何をするのか」まで決めておくことで，無駄な叱りが減ります。さぼったり，ふざけたりしている子の多くは，何をどこまでしたらいいかわかっていないことが多いからです。丁寧に教えてあげる意識をもちましょう。

　全員に細かく教えるのはなかなか大変なので，まずは，さぼってしまいがちな子にだけでも，明確に示してあげるといいですね。

- 👨 君は，ここからここまでを拭きます。10分くらいかけて丁寧に拭きます。しっかり力を込めて，こう拭くんだよ（見本を見せながら）。
- 👥 終わったら，どうしますか？
- 👨 一度，雑巾を洗ってから，窓の枠を拭きます。先生が言うのは，ここまで。それ以外の工夫は自分で見つけてごらん。気付ける人になってね。

　子どもたちからすると「ちゃんとしているのに…」というズレができないように気を付けましょう。

第2章　学級づくりを支える12か月のポジティブチェック習慣　053

4月のポジティブチェック

習慣 15 最初の参観で心を掴む

> 子どもの気持ち
> 「最初の参観，緊張するな」
> 「どんなことをするのかな」
> 「たくさんの人の前で失敗したくないから，おとなしくしておこう…」

心得　最初の参観で
保護者に安心感を与えよう

　最初の参観授業は，保護者が先生に会う初めての機会になることが多いです。保護者は先生のこと，クラスの雰囲気，自分の子どものことなど，様々なことを心配な気持ちで見に来ます。ですので，この参観の最大の目標は，「保護者に安心感を与えること」とします。

　そのために，子どもが落ち着いて学習している様子を見せることが大切です。「この先生なら，安心だ」「この雰囲気のクラスなら，大丈夫だ」「うちの子はちゃんと学んでいる」と思ってもらえるかどうかが，1年間を左右するといっても過言ではありません。第一印象は，やはり大切です。

　「普段の様子を見てもらう」ではなく，「1か月の成長の発表会の場」として捉えます。もちろん普段からの積み上げを見せることになりますが，「わざわざ見に来てくれた保護者に，一生懸命に学ぶ姿を見せて，喜ばせよう」という意識で行うことも大切です。

恥をかかせないフォローを

　子どもたちをたくさんほめて，必要のない注意を極力減らします。例えば，

姿勢が乱れている子がいた場合は、「みんな疲れてきて、少し姿勢が乱れてきたね。グッと腰を立てて、いつものように、いい姿勢をしてごらん」と**個人が目立たないように全体に対してことばかけをします。**

　参観授業で使うものの忘れものがないかは、事前に確認しておきます。授業の直前や最中に言われると、こちらもバタバタしますし、たくさんの人の前で恥ずかしい思いをすることになります。指導も事前にしておきます。

Plus1 アクション
やっぱり、安心感を与えるには一斉授業がおすすめ

　様々な学習形態がありますが、保護者が授業と聞いてイメージするのは、まだまだ一斉授業のスタイルだと思います。自分たちが受けてきた授業のスタイルだからです。一斉授業は、クラスの安定した雰囲気を見せやすいといういい点があります。当日の授業については、事前に子どもたちに授業の流れを大まかに説明してあげておくことで、安心してその時間を迎えることができます。「一緒に頑張ろう」の姿勢が大切ですね。

- 今日の参観ではこの続きをするからね。最初は、いつも通り帯学習から入るから、最初、全員挙手でいこう。やってみようか？（最初だけやってみる）1か月積み上げてきた2組のいいところを、たくさん見てもらおう。
- 緊張するなあ。嫌だなあ。
- 緊張しているなと思ったら、先生が小さく指でピースするから、それを見たら、全員無理でもニコッとしよう。保護者の方には内緒だよ。

　このように秘密の共有をしておきます。大丈夫のマークを決めておくことで、お守りになります。私が緊張している様子が伝わり、子どもからマークを出されたこともありました（笑）

5月のポジティブチェック

習慣 16 ゆるんで当たり前と捉え，ネジを丁寧に締め直す

子どもの気持ち

「連休明けでしんどいな」
「なんだか，4月のようなやる気が出ないな」
「これくらいでいいか…」

心得 負のサイクルを断ちきることを意識しよう

　たくさんほめて，ずっと気を張って，頑張ってきた4月が終わりました。最初の参観や家庭訪問も終わり，やっと少し落ち着ける5月。心にゆとりができるのはいいのですが，GW明けは，どうしても気がゆるんでしまうもの。ここでのゆるみは，あって当たり前と捉えましょう。子どもだけのせいにせず，教師としても自分のゆるみに敏感でありたいですね。

　だからこそ，ここで，もう1回締め直す意識をもつことが大切です。「せっかく4月に頑張ったのに。しっかりしなさい！」ではなく，「この部分がゆるんできたね。もう一度，締め直して，頑張っていこうか」くらいのスタンスでいきたいですね。4月に頑張った疲れが，先生も子どもも出てくる時期です。せっかく頑張って4月に積み上げてきたことを無駄にしないように，一つひとつ丁寧に締めていくというイメージをもちましょう。

負のサイクル（慣れ→だれ→乱れ→崩れ）を断ちきる

　5月になると，慣れてくる。当たり前のことです。お互いに，ずっと新鮮な気持ちのままではいられません。ただ，慣れてくることにより，**だれてき**

た（動きがダラダラしてくる，切り替えが遅い）ときに，気付いて止められるかが大切です。そこで，止められないと，クラスは，どんどん乱れ（指示が通らない，いろいろなことが揃わない）につながっていきます。そのうち，揃わないことが当たり前になっていきます。先生も４月と違い，細かいことを流してしまいがちです。「これは，まずいな」と思ったとき（６月頃）には，クラスが崩れ始めて，しんどい状況に…となりかねません。

　慣れがだれにつながっているなと感じたら，その時点で，止めて指導をしていく必要があります。時間がかかりますし，根気強くやることは，面倒なことですが，後のことを考えると，ここが大切です。

Plus1 アクション
当たり前ができていることを，改めて認めることばかけをしていく

　いいところに目を向けようとしないと，ほめことばは減る一方です。「４月にできていたことは，できて当たり前。４月はできていたことができていなかったら，叱られる」となると，どうしても，子どもたちは，しんどくなっていきます。クラスの雰囲気も沈んでいきます。

- 🧑‍🏫 チャイムと同時に授業が始まるって，４月からしてきた当たり前のことだけど，それが連休明けでも当たり前にできているって素敵なことだよ。
- 👥 そうかなあ…。普通だけど…。
- 🧑‍🏫 その普通を継続するのが，難しいんだよ。先生のことばがなくてもできているのは，いいこと。ちゃんとできている。自信をもとう。

　当たり前ができていることを認めることばかけを続けていきます。また，叱った後の変化を見逃さずに，どれだけほめることができるかが大切です。「成長のために叱る」ということを常に頭に置いておきましょう。

5月のポジティブチェック

習慣17 子ども同士での攻撃的な注意はさせない

子どもの気持ち
「日直だから，注意してやるぞ」
「○○だって，ふだんはできてないくせに」
「正しいことを言っているから，きつく言ってもいいんだ」

心得 **子どもの間に上下関係を つくらないようにしよう**

　子ども同士で注意し合うことは基本的にさせません。子ども同士で注意し合うことで，敵対関係になることが多く，嫌な優越感と不満の原因になるからです。「友達に注意をするのは，自分に迷惑をかけられたときだけ」と伝えます。そのまま見過ごしていると，「○○だって，いつもできてないくせに」「日直になったら，やり返してやる」「正しいかもしれないけど，言い方が腹立つなあ」となってきます。

　注意をするのは，先生の役目です。**友達なら，「先生から注意をされる前に，気付けるように促す」という視点をもてるようにします。**クラスは，チームです。チームとして，どうすべきか考えさせることが大切です。

　気付かせてあげるためには，どんな方法があるかを出させます（ジェスチャーで伝える，肩をトントンとする，先生が見ているよと教えてあげる，など）。出てきた言い方に対しても，「この言い方だったら，どう感じる？」と聞いて，それぞれの思いを話し合います。

　そして，「大きな声で注意し合うのではなく，気付いた子が周りの子にそっと教えてあげる方が，クラスとしてかっこいいよね」と伝えます。

Plus1アクション
できないことを練習している姿を見せて周りを巻き込む

　授業の号令をする当番の子が，なかなかセリフの順番を覚えられず，どこかを間違ってしまうことがよくありました。周りから，「ちゃんとしてよ」「また，間違っているよ」と責められることのないように，先生がことばかけをします。「号令をきちんと言えるようになるのは，君の役割だ。ビシッとできるように，休み時間に練習しよう」と伝えます。

　休み時間に，セリフをメモした紙を渡して，それを見ながら，タイミングも含めて一緒に練習をします。近くでその様子を見ている子たちも協力してくれます。「〇〇さん，うまくなってきたね」「今のタイミングなら，揃いやすそうだよ」などとことばかけをしてくれます。先生からもアドバイスをしていきます。

　実際の号令となると，1，2か所間違ってしまいますが，周りからは「よくなっているよ」「惜しい！」などのことばかけがあります。そうしていって，初めて，号令ができるようになったときには，拍手が起こります。

👤 うん。完璧な号令だ。勉強を頑張ろうという気合いが入るね。
👥 よかった〜。やっとできるようになった。
👤 拍手も嬉しいね。応援してくれた，みんなもありがとう。できないことを責めるのではなく，応援してくれる雰囲気があったから，〇〇さんは，失敗を恐れず，チャレンジできたんだね。

　できないことを責めるのではなく，みんなで応援する姿勢にもっていくためには，先生の関わり方が大切です。先生に注意をされる前に優しく，気付かせてあげられる子の関わりを認めて，広げていきましょう。

5月のポジティブチェック

習慣18 先頭集団に働きかけて 2・6・2を8・2にする

子どもの気持ち
「先生は，勉強の苦手なあの子ばかり，気にかけているな」
「目立ったときしか，声をかけてくれないな」
「頑張っても，意味がないな」

心得
先頭集団のやる気をどんどん引き出し中間層を巻き込んでいこう

　初任者の頃，授業を見ていただいたときに「先生のクラスは，勉強の得意な子がいきいきと学んでいないね」と言われました。全員がわかる授業を意識するあまり，勉強の苦手な子ばかりに注目していました。それを続けたことで，勉強の得意な子は，どんどんやる気を失っていたのです。
　先頭集団をどんどん走らせることと，ゆっくりな子を放っておくことは，イコールではありません。むしろ，先頭集団を走らせるから，クラスの学びが加速していき，苦手な子もその空気にのってくるし，先生も余裕をもってその子たちと関わることができるのです。**ひと押ししたらぐっと伸びそうな子から伸ばしていくイメージをもつ**ことが必要ですね。

Plus1アクション
質より量を重視して自信につなげていく

　例えば，書く力を高めるためには，最初は，質を高めることよりも書く量を増やすことを意識します。書くことに対する抵抗をなくすのが第一です。

「まずは，質より量が大切」「いっぱい書けた人がえらい！」と言いきってあげます。モデル文を示してあげたり，明確に基準を示してあげたりして，「〇行書けたら，A！」のように言ってあげることで，火がつきます。

👤 書くことは，考えることです。考えるときは，きれいに書こうと思わなくていいよ。ノートを自分の考えでいっぱいにしてごらん。
👥 先生，あってなくてもいい？
👤 正解を書くことが目的じゃないよ。書くことで，たくさん考えることが目的。思いついたことをどんどん書いていこう。

　書けない状態は子どもにとって，つらいです。逆に，書いた量は見てわかりやすく，自信につながっていきます。書くことを苦手としていた子が「先生，〇行も書けたよ！」と言ってきます。ノートは，家でも見られます。保護者に「こんなに，書けるようになりました」と伝えると，さらにやる気がアップしていきます。ともに成長を喜び合える機会を大切にしましょう。
　書くことに抵抗がある子には，モデル文を写させたり，書き始めの文を指定したり，先に対話をしたりして，まず動き出せるように支えることが大切です。「こんなことを書いて，あっているのか？」と不安な気持ちがあると鉛筆が動きません。具体的な指示と安心感を与えることばかけをして，「それでいい！もう〇文字も書けた！」と励まして，勇気づけてあげましょう。
　授業の終わりに書く振り返りは，書く量を増やすには，もってこいです。毎時間書けるし，時間に制限があるので，集中もしやすいです。書く内容もたくさんあります。視点を示してあげることで，より書きやすくなります。書いた子から持って来させて，即時評価をしましょう。
　集団は，2・6・2に分かれるとよく言われますが，最初から全体を育てようとするより，先頭の2に働きかけ，6の子でターゲットを絞って巻き込んでいき，ほめて広げていくことで，クラスを育てるイメージです。2・6・2を8・2にできるとクラスの雰囲気が高まっていきます。

第2章　学級づくりを支える12か月のポジティブチェック習慣　061

5月のポジティブチェック

習慣 19 手書き掲示物の力を生かす

> 「誰も見ていない掲示物がずっと貼られているなあ」
> 「先生がつくって，貼っているだけだなあ」

心得　その場でつくりその場で掲示することで印象に残そう

「這えば立て，立てば歩めの親心」と言われますが，先生という職業に就いていると，一度できたことは当たり前と考えて，次々に成長を求めてしまうものです。4月から積み上げてきたことを残していくためにも，掲示物を活用しましょう。

掲示物は，子どもとのエピソードを基につくるようにしています。授業でも，それ以外でも同じです。話した内容，授業での重要なこと，みんなで考えた解法のコツなどをその場で書いて，掲示物をつくってしまいます。もちろん**計画的なものだとしても，その場の空気感を大切にする**のです。そうすることで，記憶に残りやすく，経験の共有もできるからです。

手書きでつくるので，デジタルよりもきれいにはできないかもしれません。しかし，その先生ならではの味が出せます。そのために，いつでも使えるように，数種類の大きさや色の画用紙や短冊を用意しておきます。

私は，大切にしたいことばや語りに使った名言，今，特に意識したいことなどを，その場で短冊に書いて，黒板の隅に貼っておくようにしています。朝の会で伝えて，「今日はこれを意識しよう」とすることも多いです。学級経営のために手書きの掲示物をフル活用しています。

そして、1週間ほど経ったら教室の背面に掲示していきます。たまに見返して、できていないなと思うことがあればまた黒板の隅に戻して、意識し直しています。自分自身もその掲示物を見返すことで、以前に徹底して取り組んだことを思い出し、今の指導と比べることができます（菊池省三先生の「5分の1黒板」「価値語」の実践を参考にさせていただいています）。

　掲示物によっては、貼る場所も子どもたちと相談して決めます。教室環境も自分たちでつくっていくという意識をもたせたいからです。

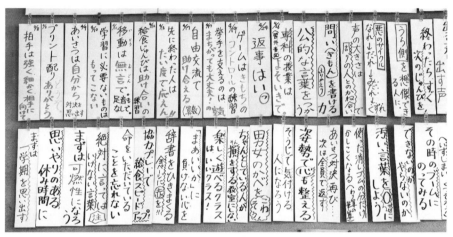

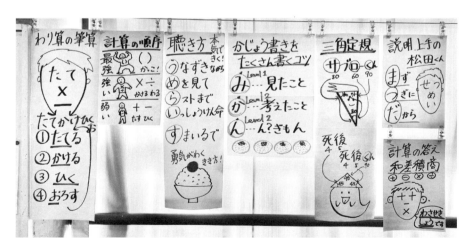

5月のポジティブチェック

習慣
20 朝の時間を活用して先手をとる

子どもの気持ち

「朝は, 眠たいなあ」
「宿題忘れは言わなければ, ばれないかなあ」

心得

宿題チェックと朝学習を
仕組み化して時間を生み出そう

　私の勤務する学校では, 8時に教室が開き, 8時30分までに, 朝の準備を完了することになっています。その30分間の過ごし方が大切です。私は, 8時には教室に行き, 見本となるあいさつをします。先に教室で待つことで, 気持ち的にも先手をとることができます。

　そして, 朝の用意を, 手際よく行っていきます。することの順番を書いた紙を黒板に貼っておき, 自分で確認できるようにします。宿題を忘れやすい子には直接声をかけ, 最初に確認をします。その時点で抜けがあった場合には, すぐに取りかかり, 8時30分までに終わらせるように促します。テンポよくことばをかけ, 仕事をこなしていくことで, お互いに学校のスイッチを入れていくのです。慣れてくると, 8時30分には全員の宿題を見終えることができます。そして, その時点で全員が用意を完了していることを確認できれば, 朝から気持ちよく1日のスタートをきることができます。

朝学習は, システム化する

　朝学習は, 内容を曜日で固定化しています。**仕組み化しておいて, 担任が**

いなくてもできるようにするのが基本です。担任がいるときでも自習の練習として，必要がなければ声はかけません。

　決まった時間になれば，自分たちで始めます。「勉強のスイッチを入れることが，朝学習の裏のめあて」ですので，一人でできる課題を用意します。朝学習の時間が10分間なら，5分程度で終わる課題にしておきます。余った時間は読書などをして過ごします。10分かかる課題にしてしまうと，できない子が朝から借金をつくってしまうことになります。その課題を休み時間にさせたり，できたかの確認をしたりするのは，お互いに負担です。宿題ができてない子や，やり直しがある子はその時間を使って終わらせます。

Plus1アクション
宿題チェックはひと声かけながら朝のうちに終わらせる

　登校した児童から，音読，計算，漢字の宿題を提出します。可能なら，3つとも対面でチェックしていきます。それが難しいときは，「2つは教卓に出して，1つだけ先生に直接見せてね」と指示します。宿題の丸つけと直しはしてきているので，基本的にはハンコを押していくだけです。ハンコを押すときに，ポジティブなことばかけをしていきます。

👨 昨日の字より，丁寧に書けているね。筆圧も濃いし，マスいっぱいの字だ。何かあった？
👥 昨日は，習い事がなくて，時間があったので，頑張ってみました。
👨 なるほど。いい心がけだね。丁寧に書いたら，頭に入りやすかったでしょ？これからも，頑張ってね。

　宿題に評価をつけて返すよりも，その場でひと言伝えてあげる方が効果は高いです。すぐにやり直しもできますし，子どもも緊張感をもてます。

5月のポジティブチェック

習慣 21 学級目標は慣れてきてからつくる

> **子どもの気持ち**
> 「クラスにも慣れてきたなあ」
> 「先生が大切にしていることもわかってきた」
> 「自分たちでクラスをよくしていきたいなあ」

心得 全員が「どんなクラスにしたいか」を伝え合う時間をとろう

　学級目標を自分たちで考えることで、「よい学級は自然とできるものではなくて、自分たちでつくるものだ」という意識をもつことにつながります。教師と子どもがゴールを共有できた状態にすることが大切です。

　学級目標をつくる時期について、私は、5月頃につくるようにしています。教師の考え方が伝わったり、子どもたちもお互いのことがわかり、自分の考えを安心して伝えられるようになったりした頃を見計らいます。

　まず、大切にするのは、全員に意見を出させることです。ありきたりなことばでも構いません。3月をイメージして、自分のクラスをどんなクラスにしていきたいか、一人ひとりが考えてみんなの前で発表します。みんなが理想のクラスについて語り合う時間は、今後の学級経営を考えるうえで大切な時間になります。

　先生もクラスの一員なので、思いを伝える機会をもってもいいと思います。思いつかない子や言語化が苦手な子へのフォローも必要です。事前に書いて、先生が読んでおくと話し合いもしやすいです。

　ルールをつくるわけではないので、「〜しない」「〜はやめよう」などの否定語は使わないようにして、「覚えやすくて、ワクワクするような目標にし

たいね」と伝えます。

可能な限り，全員の意見を反映させることが大切ですが，多数決をとることになった場合は，それまでに十分に時間をとって話し合い，決まった後には不平不満を言わないことを約束としましょう。

全員の意見をまとめると抽象度の高いものになりがちですが，そのほうが解釈の幅が広がります。個人の目標とも関連づけしやすいよさもあります。

Plus1アクション
月に一度は学級目標を振り返る時間を確保する

月の最後の学活の時間などを使って，学級目標の振り返りをする時間をとります。短い時間でも構いません。

クラスとしてどうだったか，個人としてどうだったかを，作文に書かせたり，グループで話し合わせたり，全体で出し合ったりします。その時間をとることで，目標を心に留めておくことができます。目標に近づくために，翌月は何を頑張っていきたいかを話し合うことで，次につながっていきます。

👤 今月も学級目標に対する振り返りを行います。班で話し合って，ワークシートに書いていきましょう。（書けたのを確認して）順番に発表しよう。

👥 今月は協力パワーがアップしたという意見が出ました。なぜなら…

👤 すべてのグループの発表を聞いて，どう感じましたか？来月は，どんなことを目指しましょうか？

普段の生活場面でも，具体化することばかけを続けていきます。教師だけが意識してもしょうがないですが，教師が意識しないことにはどうにもなりません。教師が目標を生かそうとする姿勢を子どもに見せることも重要なことです。当事者意識をもって，参画を促しましょう。

第2章 学級づくりを支える12か月のポジティブチェック習慣　067

5月のポジティブチェック

習慣22 授業での負荷と緊張感を保つ

子どもの気持ち

「どうせ，誰かが発表するだろう」
「間違えるのは嫌だから，手は挙げない」
「静かにしていればいい」

心得

適度な負荷とほどよい緊張感で全員を授業の参加者にしよう

1か月ほど経ってくると，先生が何もしなければ，挙手する児童は，固定化されてきます。挙手だけが主体的な態度ではないのは，当然です。しかし，自分の考えを，自分のことばで伝えられる力を学校でつけることは必要です。

また，挙手をして自分の意見を言った後は，聞くことへの姿勢や集中力も大きく変わります。そのことを実感させて「自分のため，クラスのために，挙手をして，自分の考えを伝えられるクラスにしていこう」と宣言します。

挙手する子の固定化を認めない

①「全員が発表できると信じる心」を教師がもつ

　子どもは，先生がどこまで自分に期待しているかをよく見ています。子どもの力を信じて機会を与え続け，励ましのことばをかけることが大切です。

②まずは，簡単な質問に挙手ができるように仕掛ける

　例えば，「問題を読んでくれる人？」「〇〇の作者は誰ですか？」などの全員が答えられる質問で全員挙手を目指します。「この質問は，教科書を見ればわかるよ。全員挙手しましょう」と，ときには追い込むことも必要です。

③手を挙げることに慣れるようにする

　「賛成の子はグーで，反対の子はパーで挙げなさい」のように，立場を決めて，全員挙手を促したり，「自信のない子はグーで挙げたら，当てません。でも，全員挙げなさい」と言ったりして，挙手自体に慣れさせます。

④列指名で話すことに慣れていけるようにする

　列指名で，どんどん当てていきます。順番ですので，気持ちの準備ができ，発表することに慣れさせるために有効です。答えられなかったら，サラッと飛ばして，「列の最後まで行ったら，また戻ってくるね」と伝えます。

⑤ペアやグループで話せている様子を観察して，自信をもてるようにする

　グループで話している様子をよく見て，話せていることをほめます。「今，言っていたことを全体の場で挙手して言ってごらん」と伝えます。グループの子も応援してくれる雰囲気にもっていくと，さらに言いやすくなります。

Plus 1 アクション
子どもの心配事が少なくなるようなことばかけをする

　「挙手をしよう」となるためには，先生がしっかり受け止めてくれるという安心感が大切です。安心感を与えられることばをかけ続けていきます。

👤 間違ったとしても，誰一人笑ったり，からかったりしません。挑戦する人を笑うことは，許されない。○年○組なら大丈夫です。手を挙げよう。

👥 私は，○○だと思います。

👤 どう？みんな？同じ考えの人も多いみたいだね。挙手をすることで，大きな一歩を踏み出した○○さんに拍手を送ろう！

　挙手しない子は，今までに傷を負っていると考えて，ことばかけをします。そうでない子もいますが，そのつもりで守ってあげて，ちょうどいいのです。

6月のポジティブチェック

習慣23 子どものしんどさに共感しながら支える

> 子どもの気持ち
> 「暑いし，雨が続いて，しんどいな」
> 「早く夏休みにならないかな」
> 「毎日同じことの繰り返しで，やる気が出ないな」

心得　子どもたちの「頑張りたいこと」を聞き出そう

　魔の6月といわれる理由は，たくさんあります。
①日照時間の変化からホルモンの関係で不安が強まる「なんかしんどい」
②気温や湿度が高くなる「暑いし，じめじめする…」
③雨のせいで，外で運動ができない「外遊びも，体育もできない…」
④祝日がない「今週も月から金まで，6時間授業…」
⑤中だるみしてくる時期「1学期長いなあ…」
⑥終わりが見えてきて，先生は勉強の進度に焦りだす「急がないと！」
⑦モチベーションが落ちてきて，よくない面ばかりが目につくようになる
　挙げていくと環境的な面と心理的な面の両方あることがわかります。どんなことを意識して，この6月を過ごしていくことが大切なのでしょう。

6月のしんどさについて話す

　上記のような6月のしんどさについて，子どもに話します。そのうえで，4，5月に積み上げてきたことを，6月に無駄にしてはいけないこと，しんどいからといってネガティブなことばを使ったり，ダラダラしたりすると，

自分だけではなくクラスの雰囲気が悪くなることも伝えます。ここが１学期の頑張りどころだからこそ、先生も言うべきことは厳しく言うことを宣言します。事前に伝えておくことで、そういう場面を見かけても、冷静に指導することができます。

　そのうえで、「６月は、どんなことを意識して過ごそうか？」と聞くと「ポジティブなことばをもっと増やす」「中遊びを楽しむ」「発表を頑張って授業を盛り上げる」など子どもたちなりの意見が出てきます。「しんどい６月、自分たちの機嫌は自分たちでとっていこう」と伝えます。

Plus1 アクション
全力を出させる指導を続ける

　通知表がちらつき始めて、授業の進度にも焦りが出てきますが、まだまだ学級経営のねらいを明確にもって授業をする時期です。

- 👤 あいさつの声が小さいね。もう一度、元気よくやり直しましょう。
- 👥 おはようございます！
- 👤 うん。いつも通りのいい声になった。気合いが入るね。今のあいさつ、６月でしんどいから、まあいいか…としなくてよかったよ。それをし始めると、止まらなくなるからね。よし、今日も１日頑張ろう！

　全力を出させる指導、やりきる指導を徹底していくことが大切です。しんどい時期だからといって怠けを許していくと、傍観者が増えていきます。しかし、大切なこととは、面倒なことなのです。面倒なことに一生懸命に取り組む姿はかっこいいという価値観の基、丁寧な指導を行っていきます。しんどさの原因を子どもたちにするのではなく、教師の問題として考え、モチベーションを保ちましょう。

6月のポジティブチェック

習慣24 物の乱れを見逃さない

子どもの気持ち

「自分の机だから，適当でいいや」
「禁止の文具は，先生にばれないように使おう」
「自分が使いやすいように，ロッカーに置かず，横にかけておこう」

心得

定期的に片付けの時間をとり「きれい」のよさを実感させよう

　身の回りのものを整えることで，心も整います。「お道具箱が片付いていると，気持ちがいい」「使いたいものがすぐに見つかり，楽だ」「机の上がすっきりしていると集中しやすい」などのように整理整頓をするよさを知ることが，自分できれいな状態を保とうという姿勢を育てていきます。そのためには，5分ほどの片付け時間を週1回程度とってあげる必要があります。

　また，教室は公の場所です。自分の机の周りであっても同じです。自分の家の机とは違うので，そこを説明してあげる必要があります。みんなの場所という意識をもって，整える必要があるということですね。

　理想は，教師の机をお手本にすることです。机の周りは，常に整頓されている状態を保ちたいですね。**先生が整理整頓を試行錯誤しているところもあえて見せます。**子どもに聞こえるように「乱れてきたから整理しよう」と言って，整理をします。きれいに保とうとする姿勢を見せることが大切です。

子どものいない教室に学級の状態は表れる

　教師が，教室環境の乱れに敏感であることが大事です。子どもがいないと

教室の様子がよく見えます。休み時間に外に出た後，教室移動した後，下校後など，子どもがいないときに，教室環境に目を向ける習慣をつけましょう。

割れ窓理論（1枚の割れた窓ガラスを放置すると，そこからその建物全体が荒廃し，いずれ町全体が荒れてしまう）の考えを常に頭に置き，小さな乱れの段階で気付き解決していくことが大きな荒れを防ぐという意識をもちましょう。見つけたら，すぐに整えることが大切です。

Plus 1 アクション
みんなで整理整頓をする時間をとる

整理整頓の仕方も，学校で教える必要があります。自分のものを整理整頓する時間をみんなでとりましょう。最初は，「全出し→いらないものを捨てる→決まったところに戻す」を教えて，一緒にやりましょう。掲示物にして，整理の時間に貼ってあげると，自分でもできるようになっていきます。

- 👤 チャイムまで，3分ありますね。整理整頓をしますよ。お道具箱，筆箱を出しましょう。片付けの基本は？
- 👥 全出し，捨てる，決まったところに戻す！
- 👤 そうです。思い出の品は心にしまって，捨てましょう。始め！

お道具箱を整理するときに迷うのは，友達からもらった折り紙などの思い出の品です。「感謝をして，心にしまっておきましょう」と言いきってあげることで捨てるように促し，捨てたくないものは家に持ち帰ります。全出しをしたときに筆箱の中身も確認して，必要のないものが入っていれば，「お家で使おうね。明日は，持ってこないように」と告げます。次の日には，家に置いてきたかを必ず確認しましょう。

6月のポジティブチェック

習慣 25　自由度を上げるなら責任とセットにする

子どもの気持ち

「もっと自由にさせてほしいな」
「自分たちで動けるようにしてほしいな」
「先生に信じてもらいたいな」

心得

手は離しても目は離さず，
少しずつ任せる場面を増やしていこう

　6月を1つの節目として，学級の完成を目指します。ここでの完成というのは，「先生の指示を聞いて，動ける（先生の言ったことができる）」ということです。守破離の守の部分ですね。これができるようになれば，少しずつ任せる場面を増やしていきます。「手は離しても，目は離さない」意識をもちつつ，自分たちでできることは，任せていきましょう。

　自由は先生からの信頼によって成り立つし，信頼されたからには，その信頼に応えてほしいと伝えます。その責任を果たすことができるなら，信頼は大きくなり，自由は増えるし，できないなら自由は減っていくということです。目的を考えて，少しの我慢をすることが必要ということですね。実際に起きたことを基にして，何度も説明することが大切です。

長期スパンで考える視点をもつ

　学級づくりは1年間続きます。1学期の段階で，焦る必要はありません。「任せてみて，うまくいかなかったから，やめた」ではなく，自立に向けて，今すべき指導を，優先順位をつけてしていくことが大切です。子どもが自立

して，自分たちで考えて，主体的に取り組む学級になるために，何から任せていくべきかをじっくり考える必要があります。グラデーションを意識して任せる場面を増やすのです。失敗しても，一生懸命に取り組んだのなら，叱らず，原因を考え次に生かすという視点で話をしましょう。

Plus1 アクション
自由度を上げるよさを語る

　自由度を上げることで効率が上がることを説明します。最初が肝心です。「なぜこの活動の仕方を選んだか」「先生の思い」「信頼していること」「できないなら，先生と一緒にやるように戻すこと」などを伝えます。自由度を上げて，ちゃんとできなくなるならすぐ止めます。最初はできても，甘えや慣れによってできなくなることは，当たり前です。それを行ったり来たりしながら，自分たちだけでできるようになっていくと捉えましょう。

👨 いつもは体育館から並んで教室に戻っているけど，今日は，振り返りを書けた人から提出して戻るようにします。そのほうが学習の効率がいいからです。でも，今は授業中です。君たちなら，他のクラスの迷惑にならないように静かに廊下を歩けると信じていますよ。

👥 バラバラに帰るほうが，待たなくていいし，じっくり書けるから嬉しい。

👨 そうですね。みんなのことを信じているから，任せてみます。自分で自分をコントロールできない人がいると，ルールが増えていく。それが，集団で過ごすということ。ルールに縛られるのではなく，ルールが少なくなっていくことを目指したいね。

　当然，教室に戻って，振り返りをします。全員ができていれば，しっかりほめて，一人でもできていない場合は，どうすればいいかを一緒に考えます。

6月のポジティブチェック

習慣 26 トラブルを子どもの成長の種と捉える

> 子どもの気持ち
> 「友達とのケンカを解決したい」
> 「先生に助けてほしい」
> 「自分の気持ちをわかってもらいたい」

> 心得
> トラブルに丁寧に対応することで
> 子どもからの信頼につなげよう

　教室で起こるトラブルに対して，的確に対応していくことで子どもからの信頼を得ることができます。トラブルとは直接関係のない子どもたちも先生の対応をよく見ていますので，丁寧に行いましょう。

　まず「そう思ったんだね。それが嫌だったんだね」と，じっくり聞き，思いを受け止めます。その子の心で考えることが大切です。それがないと，**自分の気持ちをわかってもらうことにエネルギーを使うために，話が前に進みません**。子どもは，話しながら整理し，内省していきます。言いたいことは我慢して，うなずきながら話を聞きます。聞きながら，時系列を整理して書いていきます。自分用のメモではなく，子どもが見えるように書くことが大切です。感情は吹き出しで書くと，事実と感情を分けて考えられます。

　解決できたら一人にして，言い残したことはないか聞くことも忘れてはいけません（最終確認がないと，帰宅後に不満を言う子もいます）。

「あおられた」と訴えてきたら…

　具体的に何をされたのかを聞きます。見てきた，笑ってきた，やったーと

言われた，のように「直接自分だけに何かされた」がなければ，なぜあおられたと感じたのか聞きます（自分のときだけしてきた，何度もしてきた，大げさにしてきた，などと言うと思います）。

　その後，相手に意図があったかを確認します。なかったと言っても，あおられたと感じて嫌だった気持ちをできるだけ自分のことばで伝えさせます。ただ，遊びの中で「見ない，笑わない，喜ばない」というのは難しいことも確認する必要があります。

　あおられたと言ってくる場合には，前から不満をもっている場合が多いです。これを機に，踏み込んで話をしておくことが大切です。

Plus 1 アクション
後ろから支えつつ，解決に向かう方法を自分で選ばせる

　トラブルについて聞いたうえで，選択肢を与えて今後の方針を選ばせます。

🧑 これから，どうしようか。3つから選んでいいよ。①君がいる状態で，先生が君の思いを伝える　②先生がいる状態で自分で思いを伝える　③先生が間に入らず自分で伝えられるか試してみる。

😶 ③に挑戦してみようかな…。

🧑 ③でやってみて，無理そうなら，いつでも言いにおいで。②に変えてもいいよ。遠目に見ているから，困ったら，先生のほうを見てごらん。

　先生が気持ちをわかってくれて，自分を応援してくれているとわかれば，「頑張って自分で解決してみよう」という子も多いです。トラブルは，子どもを成長させる種と，肝に銘じます。「子どもを成長させるよりも，とにかくトラブルを早く収めたい」となっていないかをいつも自問し，どんなビジョンをもって，どのように介入するかを冷静に考えましょう。

第2章　学級づくりを支える12か月のポジティブチェック習慣　077

6月のポジティブチェック

習慣 27　一人ひとりと話す時間をとる

「夏休みまで，まだ長いなあ」
「最近，頑張れていないなあ」
「自分って成長しているのかなあ」

心得　3分だけでも，一人ひとりと話す時間をとろう

　6月になると，一人ひとりの得意，苦手，友達関係など，だいぶ見えてきているはずです。多くの学校では，この時期にいじめに関するアンケートなどを実施すると思います。その聞き取りを活用して，3分だけでもいいので，全員と1対1で話す時間をとります。別室で聞くと緊張感が出てしまうので，私は図書の時間などに隅っこで聞くことが多いです。先生と友達が笑顔で話している様子を見ると，自分の番が楽しみだなという気持ちになります。

まずは，じっくり話を聞く

　トラブル以外では，なかなか1対1で話をすることがないと思います。友達関係，勉強，習い事，家庭のことなどいろいろ聞き出してみましょう。**大人だけでその子のことを想像してあれこれ検討するよりも，その子とじっくり話す時間をとった方が，解決策は見えてくることが多い**です。「答えは子どもがもっている」という意識の基，しっかりと話を聞きます。話してみると，意外な一面が見えてくることが多いです。

　自分からたくさん話してくれる子の場合は聞き役に，自分からはなかなか

話せない子の場合は質問をたくさんしてあげましょう。普段はよくしゃべる子でも，1対1となると話せないことも多いです。

　話したことは，懇談で使えることも多いので，記録をとっておきます。ただ，メモを取られながらだとどうしても聞き取り感が出てしまうので，メモなしのリラックスした状態で話をして，後から書くようにしましょう。

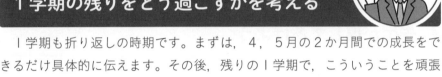

Plus1アクション
2か月の成長をほめて，1学期の残りをどう過ごすかを考える

　1学期も折り返しの時期です。まずは，4，5月の2か月間での成長をできるだけ具体的に伝えます。その後，残りの1学期で，こういうことを頑張ろうと伝えたり，どういう力を伸ばしたいかを問いかけたりします。

　4月から頑張っているけど，なかなか成果が出ない子を励ますことも大切です。テストの点などのわかりやすい成果が出ないと，成長を実感できずに投げ出してしまうことがあるからです。努力と成長は比例関係ではありません。テストには表れない成長を見取って，認めて励ましましょう。

👤 4，5月は，どの教科でも発表を頑張っていたね。この調子で対話を通して，かしこくなっていこう。振り返りを書く量を増やすと，もっと学びが深まると思うよ。1学期も残り2か月だけど，何を頑張りたい？

👥 最近，漢字が覚えられなくて…。

👤 わかった。まずは，小テストの100点を目標にしようか。先生も意識してフォローしていくね。50問テストを目指して，コツコツ頑張ろう。

　こういう話は，7月に入ってからしても遅いです。6月初めの中継ポイントでエネルギーを注入するイメージです。1学期の残りの2か月を共有した目標を意識して過ごすのと，何もしないのでは大違いです。

第2章　学級づくりを支える12か月のポジティブチェック習慣　079

6月のポジティブチェック

習慣 28 男女の壁をつくらせない

> 子どもの気持ち
> 「異性の友達とも，仲良くしたい」
> 「女子と話すのは，少し恥ずかしいな」
> 「異性の子と仲良くしていると，友達に何か言われるかも…」

心得
男女の壁は，先生が壊してあげよう

　いいクラスは，もれなく男女の仲がいいです。休み時間も一緒に話したり，授業中の交流でも積極的に関わったりと，壁がありません。しかし，2か月が経って，男女の関わりでのトラブルが出てくるのが，この時期です。「○○さんが…」ではなく，「男子が…／女子が…」と訴えてくるのです。関係ができて，関わるようになってきたからこそのトラブルですのでポジティブに捉えたいですが，対応するほうは，なかなか大変です。

本心を理解する

　子どもたちは，異性の友達とも仲良くしたいと思っています。しかし，思春期になってくると，なかなかうまく関わることができません。相手の嫌がることを言ってみたり，からかってみたりでしか関われないのです。
　ただ，本心を理解したとしても，差別的な言動（女子のくせに，男子とはしたくない，女子とやってもつまらない）や，関わっている男女を見て「好き同士だからしゃべっている」「あの二人は，いい感じ」などと冷やかすことばには，厳しく指導する必要があります。そういうことばが教室に増える

と，安心安全がなくなりますし，異性と関わらないでおこうという空気になってしまいます。恥ずかしい気持ちをごまかすために言っているとわかっていても，そういうことばにはストップをかけます。

　クラスで生まれる男女の壁は，教師が壊してあげる意識が必要です。目指すところは，性別関係なく仲間になっていくこと。困ったときに助け合える，嬉しいときに喜び合える，相手のことを大切にする，必要なときに協力できる関係になることを目指します。最初はゆるやかにつなげていきましょう。

Plus1アクション
中遊びや交流場面を活用して関わる機会をつくる

　クラスの大半の子どもたちは，気の合う友達以外とはほとんど会話していません。異性となれば，よりその傾向が強くなります。だからこそ，**意識的にいろんな友達と関われるように，教師が環境を設定する必要があります。**

　雨が多くなる6月。休み時間も外に行けず，中遊びの回数が増えます。そこで，トランプなどの中遊びをクラスのイベントとして行うことで，男女が自然に関わる機会を増やしましょう。

👤 この休み時間は，雨なので，クラスでババ抜き大会をしよう。まずは座席の男女の班で勝負をしよう。

👥 先生が言うのなら，しょうがないなあ。

👤 慣れれば，一緒に遊ぶのは，当たり前になりますよ。男女の壁は，必要ない。先生が条件をつけるのは，始めだけです。じゃあ，どうぞ。

　教師が意図的に関わる機会を設けてあげることで，異性との関わりを恥ずかしがる子たちも，「しょうがないなあ」といった感じで会話をすることができます。異性とも話すことを当たり前の文化にしていきましょう。

6月のポジティブチェック

習慣29 通知表所見を活用して よさを記録していく

子どもの気持ち

「通知表にはどんなことを書いてもらえるのかな」
「先生は自分のどんなよさを認めてくれるのかな」
「（保護者）懇談では，どんなことを言われるのかな」

心得 個人懇談や通知表の所見を意識して よさをたくさん記録しよう

　6月になると，通知表を意識し始めると思います。所見に書く内容（一人ひとりのよさ）をどれくらい記録できているでしょうか。4，5月は，バタバタしていてなかなか記録できていないことも多いのではないでしょうか？
　7月の所見を書き出す頃になって必死に情報集めをするという悲しいことにならないように，普段から少しずつ，記録をためていきましょう。

常にポケットにメモ帳を

　メモ帳を常に持ち歩いておくことで，「何かメモしないと！」という意識をもつことができます。子どもを観察することを習慣にしていくのです。もちろん自分の記録として忘れてはいけないこともメモしていきます。
　子どもたちが帰ったら，すぐメモ帳に書いたことを記録用のノートに書き写します。メモに書いているキーワードだけでは，時間が経つと忘れてしまうこともあるからです。具体的なエピソードとともに，記録しておきます。
　これを毎日5分間ほどのルーティンにしておきます。書き写すときに，メモの書き込みが少ない子をチェックしておくことで，誰を見られていないか

意識しておきましょう。体育などの移動教科にも，常に名簿やバインダーを持っていくことも忘れてはいけません。いつでも評価できるように，記録できるようにしておくことが大切です。持っているだけで，「何か書かないと」という気持ちにもなります。

帰りの会で，いいところ見つけのようなことをしているときは，子どもたちが見つけたよさも記録しておくことをおすすめします。たくさん集めた情報は，所見だけではなく個人懇談会でも使えます。

Plus1アクション
よさをメモしているところを「さりげなく」見せる

子どもは，先生がメモしているところをよく見ています。隠れてメモを取るのではなく，子どもの前でメモを取っていきましょう。

👨 ○○さんが荷物を持っているから，椅子をどかしてあげたの？ここを通ると思ったのか…。その行動は，思いやりがあるね。してやったぞ！じゃなくて，さりげなくそういうことができるのが，○○さんのかっこよさだね。（メモに書いておく）

👀 先生何を書いているの？

👨 みんなのいいところを見つけたことを，忘れないようにメモしておこうと思ってね。いいところをたくさん見つけられる先生でありたいからね。

「先生は，自分たちのいいところを，見ようとしてくれている」というのは，安心感につながります。実際に，「おっいいね！メモしておこう」「忘れないように写真を撮っておこう！」と普段から行動していくことで，本気度が伝わります。「友達のいいところに目を向けよう」と言っている先生が，1番の見本になりましょう。

7月のポジティブチェック

習慣 30　前向きな自分時間の活用を促す

子どもの気持ち
「やることが終わって，暇だなあ」
「静かに待っておこう」
「先生に言われたときにやればいいか」

心得　隙間時間を自分のために使えるように指導しよう

　6月後半から7月にかけて，テストが増えたり，提出物の期限があったり，プリントやタブレットで復習をする時間が増えたりします。子どもによって取り組みたい学習が違うことも多いです。そこで，授業時間を使って自分で必要な学習を考えて行う時間をとります。

　漢字50問テストの練習がしたい子，社会のまとめテストの勉強がしたい子，総合の新聞を仕上げたい子，休んでいたときの計算ドリルをしたい子など，自分のしたい課題を考えて取り組みます。ノートを使うのか，タブレットを使うのか，一人でするのか，友達とするのかなどの学習の方法も選びます。

　選択して取り組めるようにする時間をとってあげることで，時間の使い方を自分で考える習慣がついていきます。約束は「自分の成長のために時間を使うこと」「周りの人に迷惑をかけないこと」です。友達と協力してする場面があっても，声の大きさは気を付けるようにことばかけをします。

　最初はある程度，課題の優先順位を提示してあげることも大切です。もちろん，「先生，何をしたらいいですか？」を繰り返す指示待ち人間にはしないということは常に頭に入れながら，です。

　自分のしたいことに時間を使うといっても，計画を立てることが大切です。

事前に計画表に15分刻みでやることを書かせておきます。最後は10分にして、残りの5分を使い、自分の学習の振り返りを行います。学習の進み具合によって計画を変えてもいいことを伝えます。計画の段階で、先生のチェックを受けて、意図を確認しておくとお互いに安心して取り組むことができます。振り返りでは、自分の学習方法がどうだったのかを振り返ります。

Plus1アクション
課題が終わった後の時間も自分で選んで行う

学期末は、隙間の時間が多くなります。テストや課題が終わった後の時間を自分時間として、すべきことを考えて、過ごさせるようにします。この時間を「暇な時間」と捉えて悪さをすることにならないように、時間をどう使うかの指導をしっかりとすることが大切です。暇になると、どうしてもよくないことをして注意される状況になってしまいがちです。

「**空いた時間は、自分の成長のために使う**」をキーワードに、それぞれが必要だと思うことに時間を使うようにします。すべきことが終わった瞬間、次のことを用意するような、前のめりな姿勢にしていきたいですね。

なお、ルールについては次のようにクラスで話し合いながら、考えていきましょう。

- 👤 テストが終わった人は、前向きな自分時間を活用して、どんどん成長していきましょう。10分あれば、いくらでも、できることはありますよ。
- 👥 先生、友達と問題を出し合ってもいいですか？
- 👤 クラスのみんなに聞きます。どう思う？
- 👥 小さい声であっても、テストをしている子の邪魔になるかもしれないから、全員が終わるまでは、待っていたほうがいいと思います。
- 👤 なるほど。みんな、それでいいですか？

7月のポジティブチェック

習慣31 よさを伝え，成長を喜び合う懇談会にする

> 子どもの気持ち
> 「懇談では，どんなことを言われるのだろう」
> 「叱られないかな」
> 「お母さんが帰ってきたら，なんて言うかな」

心得　5つのポイントを意識して お互いに有意義な10分にしよう

①第一声は，お礼を伝える（来てもらって当たり前と思わない）

　保護者のことを考え，想像力を働かせます。保護者の中には，仕事を早めに切り上げて来られている方，赤ちゃんを預けて来られている方などいろいろな方がいます。来校してくれたことへのお礼を，笑顔で伝えましょう。

②開始の時間を必ず守る（暑い廊下で待つ時間は，5分でも長く感じる）

　一人が遅れると，遅れて始まった方に，「時間なので終わりです」とは言えません。悪循環に陥らないように，時間に終われそうにない場合は，「後ほどお電話させていただきます」と言って終わりにします。

③ほめる9割，課題1割で伝える（心を開いてもらうのが一番）

　子育ては本当に大変です。普段の頑張りを労い，本人の成長をどんどん伝えましょう。「友達からもこういう部分で尊敬されている」という伝え方も嬉しいものです。子どもがクラスでどう見られているのかは気になるし，見えにくいことだからです。課題は，1つか2つに絞って伝えます。たくさん伝えても，全部は取り組めませんし，保護者は毎年，同じようなことを言われています。責められていると感じさせないように，解決策や支援策などとあわせて伝え，ともに頑張るというスタンスを忘れないようにします。

④具体的に話す（記録をどれだけ残しているかが分かれ目）

どれだけ具体的に伝えられるか，が大切です。1つでもいいので，エピソードを用意しておきます。「体育大会の練習で，こんなことがあって…」と語れると印象に残りますし，意外な一面だと話が盛り上がります。

⑤答えにくい質問には即答しない（適当に答えるほうが不誠実）

「質問には，すぐ答えないと頼りないと思われる」と思うかもしれませんが，その場しのぎで適当に答えたり，後で言ったことが変わったりするほうが信頼を失います。事情を詳しく聞いたうえで，「学年主任に確認してから，お答えさせていただきます」と答えるのが無難です。誠実な対応を第一に。

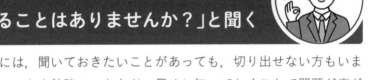

Plus1アクション
最初に「気になることはありませんか？」と聞く

保護者の中には，聞いておきたいことがあっても，切り出せない方もいます。友達関係のことや勉強のことなど，早めに知っておくことで問題が広がることを防げます。直接話せる機会に心配事を聞いておきましょう。

👤 時間も限られているので，先に，○○さんの方から，心配なことや私に聞いておきたいことなどがあれば，教えていただけますか。

👤 最近，反抗期で困っているんです。学校でそんな様子はありませんか？

👤 教えていただいてよかったです。学校では，そんな様子はありませんよ。私に対する態度も変わりありません。一度，本人と話してみましょうか？

こちらが話した後に質問を聞くと，確実に時間オーバーしてしまいます。しかも，保護者から話されたことは切りにくいです。また，「○○さんと仲良しです」と伝えた後に，「実は○○さんとの関係を悩んでいて…」と相談されるなどの認識のズレを防ぐこともできます。

7月のポジティブチェック

習慣 32 通知表の渡し方をひと工夫する

> 子どもの気持ち
> 「よくできるは，何個あるかな」
> 「がんばろうがあったら，家で叱られるな」
> 「前の学年のときと比べて，よくできるは増えているかな」

心得 通知表に込めた思いを直接伝えよう

　たくさんの時間をかけてつくった通知表。一つひとつの評価には，たくさんの記録が根拠となっているし，「あと少しでよくできるだよ」「この部分を頑張ってほしい」などのいろいろな思いや伝えたいことがあるはずです。ところが，「よくできるが10個あった。前より増えた！」「がんばろうが1個あるから，ご褒美もらえない」などの感想だけの子も多くいます。

　家庭でのことはなかなか難しいかもしれませんが，渡すときにひと言でもいいので，評価の理由や通知表に表れない頑張り，所見になぜそのことを書いたのかなどを伝えましょう。そして，通知表を見て感じたことは，2学期の初めには子どもは覚えていません。なので，**そのときの気持ちが2学期につながっていくような取り組みを仕掛けます。**

2学期初日の自分への手紙を書く

先生からの話を聞き，通知表をじっくり見た子どもたちは，
・1学期を頑張った達成感　　・1学期の反省点や後悔
・夏休みに頑張りたいこと　　・2学期に頑張りたいこと

などの，たくさんの思いをもつはずです。その思いは，残念ながら２学期の始業式にはほとんど消え去っています。なので，今，感じたことを日記の形で残しておきます。題名は，「２学期の始業式の自分へ」です。今の気持ちをノートに残しておいて，２学期の初日に見ることで，１学期末の熱い気持ちを思い出します。作文を書く時間をとる必要があるので，終業式の日は，通知表を渡すことと，保護者への手紙を渡すことだけにしています。

Plus1アクション
通知表は個別で，話しながら渡す

　通知表は，廊下で一人ひとりに渡します。その際には，通知表の評価の理由（同じＢ評価でも，Ａに近いのか，Ｃに近いのか）や特に頑張れていたと思うこと，２学期に頑張ってほしいことなどを伝えるようにしています。特に，通知表には表れない苦手なことから逃げずに努力した，などの取り組む姿勢に対することばかけをすることが多いです。

🧑 算数は，すべてＢ評価でしたが，後半はすごく伸びてきていましたよ。４月からコツコツ努力を続けてきた成果が表れてきて，嬉しかったよ。２学期もひたむきに積み上げていこうね。
👥 夏休みにしておいたほうがいいことはありますか？
🧑 宿題が終わったなら，計算ドリルの１学期に間違えた問題だけをやってごらん。自分の苦手をつぶしておくと自信になるよ。

　長くても，一人２分くらいの時間しかとれませんが，一緒に通知表を見ながら，たくさんポジティブなことばかけをします。この時間をとることで，通知表を作成している段階から，「渡すときには何を伝えようかな」と考えることができます。

7月のポジティブチェック

習慣33 子どもの姿から1学期を振り返る

> **先生の気持ち**
> 「やっと夏休み！とりあえず，学校のことは忘れよう」
> 「2学期が近づいたら，計画を考えよう」

> **心得**
> 1学期を振り返り，
> 継続か修正か廃止かを決めよう

　2学期の初めは，システム変更に最適です。そこに向けて，夏休みに入ってすぐの時期に，教室のシステムを考えましょう。時間が経つと忘れてしまうし，始業式の直前になると「とりあえず同じ方法で始めよう」となってしまうことが多いからです。**2学期の始まりに変わらなかったシステムは，1年間変わらないことが多い**です。1学期を振り返り，うまくいっていないと感じていたシステムをどのように修正するか考えておきましょう。

一つひとつのシステムを振り返る

　振り返りの方法は，子どもたちが朝登校してから，帰るまでをイメージしながら，引っかかるところはないかを考えていきます。

- ・朝のあいさつは？　・朝の準備は？　・朝の会は？
- ・宿題チェックの仕方は？　・朝学習の仕方と内容は？
- ・授業の始まりの礼は？　・授業準備は？　・時間を守れていた？

などのように，一つひとつ振り返ります。1学期のままでいいと思うことは継続で，うまくいっていないな，少し引っかかるなということは修正・改善

案を考えていきます。必要ないことは，思いきって廃止していきましょう。

Plus1アクション
子どもの姿を振り返り，2学期の改善策を考えておく

子どもの姿を生活面と学習面から振り返り，2学期の目標を考えます。具体的には，このような感じです。

- 男女のトラブルが多いから男女が関われる運動を体育で扱おう。
- 先生へのあいさつはできるが，友達へのあいさつがまだまだだから，そこを強化するミッションを2学期の最初に仕掛けよう。
- 家で反抗期に入っている子が多いと懇談で聞いたので，下校前に振り返りを書かせて，交換日記的に使えるようにしてみよう。
- 掃除がまだまだ改善できる。まずは掃除後に振り返りの時間をとろう。
- 書く量が少ない。9月は，振り返りの量を競い合わせよう。
- 相手のほうを見て，最後まで聞くことはできているが，うなずきやあいづちはまだまだできる子が少ないので，反応することを意識して，聞く指導をしよう。
- 漢字学習が受け身になっている。自由進度でドリルを進めて，週に1回確認する学習形態に変えてみよう。
- 国語・算数の帯学習が効果的だった。理科と社会でも取り入れよう。

とりあえず，気になっていることをザーッと書き出すだけでもいいですが，可能なら，実際にどう変えるかまで考えます。

2学期のスタートから一気に変えるのは大変なので，「9月はこれを始めにする」のように優先順位をつけておくといいですね。構想を考えておいて，寝かしておくことも大切です。

8月のポジティブチェック

習慣34 夏休みには「使うため」のインプットをする

> 先生の気持ち
> 「新しい知識を得たいけど，読書が苦手だなあ」
> 「ＳＮＳをうまく活用したいなあ」

心得　クラスの子どもや2学期の教材を意識したインプットをしよう

　1学期を振り返り，課題意識をもち，2学期に取り組みたいことをイメージして，教材も確認してから学んでいきます。学んだことをすぐに実践できるのが，教師のよさです。常に教室をイメージして，学んだことをどう使うかを考えながらインプットをしていきましょう。

読書のよさ

　読書は，先人の知恵をお金で買うことができます。2,000円程度で，その先人が多くの時間をかけて積み上げたものを学べるのです。情報の信頼度もとても高いです。子どもの顔を思い浮かべながら本を読んだり，学びをどう子どもたちに語ろうかと考えながら読んだり，2学期にしたいことのイメージを膨らませたりしましょう。日々の仕事に生かされることで，次の読書への意欲につながるはずです。

ＳＮＳを活用する

すぐに検索できるのがSNSの強みです。しかも多くの情報は，無料で得ることができます。最新の情報を得ることができるのも強みです（情報は玉石混交ですので，気を付ける必要がありますが…）。本を読んで，著者の先生に直接メッセージを送ったり，質問をしたりすることもできます。実際，私もSNSを通じて大阪市の廣瀬裕介先生とつながり，毎週のようにオンラインでの学習会に参加して，学級経営や道徳を学ばせていただいています。

Plus 1 アクション
夏休みの終盤にしんどくなっても仕方ない

　夏休みに2学期の準備をたくさんしようと思っていても，「なかなかスイッチが入らず，夏休みが終わってしまう。たくさん頑張っている他の先生を見て焦る。仕事ができていない自分にイライラ。2学期が始まることを考えると，気持ちが落ちる。不安な気持ちが膨らんで，しんどくなっていく…」となってしまいがちです。人は変化にストレスを感じる生き物なので，どんな先生だって夏休みが終わるのは嫌なものです。責任感があるからこそ，しんどくなっているのです。自分を責めずに過ごしましょう。**切り替えて過ごすためには，やるか考えないかを自分で選ぶ**しかありません。

　やると決めたら，場所を変えて作業的なことから取り組みましょう。学校に行ったり，カフェに行ったりすることで気持ちを仕事に向けていきましょう。時間を区切って「朝だけする！」と決めてしまうといいですね。

　やらないと決めたら，割りきって休みましょう。やらないといけないのに，今日も何もしてないな…とグダグダ考えない。どうせ，始まってしまえば，大忙しです。「休めるのは今のうち！」と考え，夏休みの最後を楽しみましょう。映画や小説，漫画などの世界に没頭するのもいいですね。仕事系のSNSは見ないようにして，仕事の物も見えないところに置きましょう。2学期の準備ができていないからといって，学級崩壊するわけではありません。

9月のポジティブチェック

習慣35 「できる」を見取り，夏休みモードから脱却を促す

子どもの気持ち
「夏休み明けでしんどいな」
「眠くて，やる気が出ないな…」
「2学期から，気持ちを新たに頑張ろう」

心得 できていることに目を向けて
前向きなことばかけで調子を取り戻そう

　長い夏休みが終わり，「朝起きるのが，大変」「気持ちが学校に向かない」などのネガティブな思いをもっている子は多いです。「朝起きるのが，しんどかった人？」「わかる！先生もしんどかった。遅刻せず学校に来ただけでえらい！」というように，思いに共感をしつつ，「少しずつギアを上げていって，学校での調子を取り戻していこう」と伝えます。前向きなことばかけにより，こちらの気持ちも上げていくイメージです。

夏休みの宿題について

　私は，夏休みの宿題に関しては，完璧は目指しません。私も小学生の保護者ですが，夏休みの宿題をさせるのは本当に大変です。特に，作品や感想文は時間がかかります。じっくり見てあげることが難しい家庭もあります。
　できていないことを簡単に見逃すのはよくないですが，2学期が始まってから何日間も夏休みの宿題提出を催促し続けるのは，どちらにとってもよくないです。**できる範囲を一緒に考え，お互い納得したうえで，期間を決めて頑張らせます。**それよりも，2学期の宿題をやりきることを優先します。

一つひとつ丁寧に，思い出していく

　学校のリズムに戻していくために，凡事徹底を意識します。あいさつをするなら，パッと音がするように立つ，椅子をしまう，目線を上げる，気を付けの姿勢を意識する，声を揃える，礼のタイミングを揃える…。一つひとつ確認していきます。揃うたびに「揃うと気持ちがいいね！」「やる気のムードになってきた」「調子が戻ってきたね」とほめていきます。

　厳しくというより，丁寧にやることを意識します。１つの指示に対して，１つの行動，１つのほめことばというイメージです。焦らないことが大切です。

Plus1アクション
１学期と比べずに夏休み中の姿と比べる

　「１か月間，学校から離れ，毎日のんびり過ごしていた夏休みを終えて，久しぶりに学校に来た」という視点で見ると，何をしても，認められそうな気がします。１学期の終わりと比べてはいけません。

👤 いい聞き方だね。目線が先生のほうを向いている。昨日まで夏休みだったとは，思えないよ。立腰ができている人もたくさんいますね。

👥 先生，久しぶりだから，この姿勢がしんどい…。

👤 今日は，初日。無理せずいこう。でも，先生の話を真剣に聞こうという思いが伝わってくるのは嬉しいよ。

　細かく認めてあげることで，お互いに調子が出てきます。リスタートの時期は，意識してほめことばであふれる教室にしていきましょう。

9月のポジティブチェック

習慣36 スタートを揃える意識をもつ

> 子どもの気持ち
> 「ボーッとしてたら,話が進んでいる」
> 「また,よくわからなくなってしまった」
> 「とりあえず,黒板を写しておこう」

心得 一人を目立たせずに
足並みを揃えよう

　授業のスタートを揃えることに,こだわる必要があります。スタートで遅れてしまう子どもは,短距離走で考えると,「よーいドン！」で周りは走り出しているのに,靴紐を結んでいたり,砂いじりをしていたりして,後からスタートする。そして,周りに追いつかなくて,「どうせ走るの苦手やし…」と言っているような状況です。みんなと一緒にスタートして,導入部分がわかれば,同じペースで学習できる子も多いです。

　遅れる原因は,「ボーッとしていた」「違うことに気がいっていた」「道具が揃っていない」などたくさんあります。その子の原因を見極めて,ポジティブなことばかけで対応します。**一人を目立たせないように**しましょう。

机間巡視は,開始から3分以内に

　始まりのあいさつの後,すぐに指示を出します。「ノートに日付を書きなさい」「題名を指でさします」「教科書の○ページが開けたら,立ちます」「この列の人,起立。昨日の振り返りを読んでみて」という感じです。

　そして,開始から3分以内に,机間巡視をしましょう。全員の足並みが揃

っているかを確認するためです。1分くらいでポイントを絞って見ていきます。「腰骨が立っている！」「大きく濃い丁寧な字！」などと前向きなことばをかけながら，歩きます。その声を聞いて，マネしようとする子が増えます。

　子どもは，周りの子がどんなスピードで作業に取り組んでいるかわかりません。自分がどの位置にいるのか，早い子はどこまで進んでいるのかをつぶやきで広げて，気付かせてあげることが大切です。追いつける段階ですることで自分も頑張ろうとなります。机間巡視をして，指示の通り具合を確認します。ボーッとしている子には，笑顔でトントンと机や肩をたたいてあげましょう。

Plus1アクション
リアクションのテイク2で楽しく揃える

　資料などを示して，「えっなんで？」「思っていたのと違う」という自然なリアクションを受けて，学習を進める場面があります。その反応を聞くと全員が同じことを考えていると思いがちですが，1割くらいの子は，「みんなは，何を不思議がっているの？」と思っている場合があります。この場面を1回ストップして，全員で問題意識の共有をします。

👤 リアクションが薄いなあ。もう1回やり直すよ。みんなの予想では，〇〇になると思っていたんだよね。…じゃあ，グラフを見せるよ。ドン！
👥 えーー！なんでーー！絶対おかしいよ！
👤 いいリアクション！何が「えー」なのか，ペアで話してごらん。

　リアクションのテイク2をすることで，ボーッとしていた子も，「何やら面白そうなことをしている」とのってきます。先生の説明だけだと，なかなか聞けません。楽しい雰囲気で土台を揃えることを意識しましょう。

9月のポジティブチェック

習慣 37 違和感があったら流さず止める

子どもの気持ち
「夏休み明けから，叱られたくないな」
「1学期どんな感じだったかな」
「クラスの雰囲気が変わっていたら，心配だな」

心得 指針を明確にしておくことで
止めるべきところを見極めよう

　9月のリスタートは，大切です。スタートダッシュをするタイプの先生，少しずつギアを上げていくタイプの先生，両方いるでしょう。どちらにしても，始まるまでに頭の中をクリアにしておくことが大切です。
　具体的には，「4月につくった学級経営方針を見返し，目指すべき姿を明確にしておく」ということです。そうすることが，**止めるところは止める，言うべきところは言う，につながります**。夏休み明け，子どもたちの様子，クラスの雰囲気が変わっていることがあります。それを安定させるのが担任の役割です。丁寧な指導によって，教室に安心感を確保していきます。

人権的なことに，「夏休み明けだから，まあいいか」はない

　まずは，子どもの様子をよく観察します。一人ひとりの様子と全体の空気感の両方です。ことばの乱れや友達関係の変化があることも多いです。自分のやる気が出ないことに，周りを巻き込もうとする子もいるかもしれません。
　久しぶりの学校だし，いきなり叱るのも空気を悪くするし，と思ってよくない言動を指導せずに流していると，「おかしな当たり前」ができます。

教師がその場にいたのにスルーしたことは，教師が公認したということになります。聞こえてなかった，気付いてなかったは，通用しません。そこを，子どもはよく見ています。これを続けていると，後から指導しても，「今までは止めなかった」「○○には言わなかった」となります。4月から積み上げてきたことが台無しになってしまわないようにしましょう。

　先生の中で違和感をもったときには，そのたびに**「止めて話をすること」**が大切です。「○○さん。そのことばはよくないね。教室の雰囲気を冷たくします。あたたかくなることばを使っていこう」のような感じですね。教室でのふるまいを思い出していくようなことばかけをしていきます。

Plus 1 アクション
目指すべき学級の姿を再確認する

　学級開きで話したことを再度，話します。初日に配った学級通信をもう一度見せながら話すことも有効です。学級目標についても話します。どういう経緯でその目標になったのかを思い出し，いいクラスは自分たちでつくるんだということを再確認します。それらを話す時間を最初にとっておくことで，止めるところに迷いが生じにくくなります。

- 4月にも伝えたけど，先生が大切にしたいことをもう一度言うね。これが，4月の始業式に配った学級通信です。見ましょう。
- 最初のことを思い出した。ことばに気を付けよう。
- 先生も気になったことがあったら，そのたび止めていくね。もっともっといいクラスに成長していきましょう。

　長い夏休みが明けたばかりです。2度目の学級開きと思ってしっかりと語りましょう。大切なことは，何度でも伝えればいいのです。

9月のポジティブチェック

習慣 38 非言語を使って注意を軽くする

> 子どもの気持ち
> 「わかってはいるけど，よく注意されるな」
> 「先生細かくて，面倒だな」
> 「○○さんは，先生からよく叱られているな」

心得　繰り返される注意を軽くする工夫をしよう

　どうしても，夏休み明けは，注意をすることが多くなります。長い夏休みから学校モードに変えていくことは，大人も子どもも大変です。
　同じ子に何度も，同じ注意をしないといけない。でも，なるべく一人の子を目立たせたくない。周りの子も同じ子に対する注意ばかり聞きたくないですし，その子に恥をかかせたいわけでもありません。でも，ことばかけしないわけにはいかない。苦手なことだとわかっていても，何回も繰り返すうちに言い方がきつくなっていく。そこで，子どものメンツをつぶさない叱り方を考える必要があります。大切なのは，注意をされた子が気を付けようと思えることです。**積み重なる注意を軽いタッチに変える工夫をしましょう。**

ジェスチャーを使う

　例えば，聞く態度。「○○さんが話すよ。静かに聞きなさい」と言うのではなく，「みんな」とだけ言って，話す子に手のひらを向ける。気付いて，聞く準備ができたら全体を見渡し，大きくうなずいていいねのグーサインをする。話す子に対して，どうぞのサインをする。注意のことばを減らして，

表情とジェスチャーで伝えることで，あたたかい雰囲気になりますし，なんだか楽しく感じます。

　全体で直していきたいことは，事前に約束事を決めておくと早いです。「先生がこの動きをしたら，姿勢が乱れてきているから，意識しようの合図だよ。みんなの姿勢がいいときは，大きく〇をするね」といった感じです。意識したいことを黒板に書いておいたり，前面の壁にはっておいたりして，そこをトントンと指でさすことも有効です。もちろん表情は，にっこりで。

　個人としては，できたときに目を合わせて，ハイタッチやグータッチも多用します。成功をグータッチで喜び合うのはいい光景です。

Plus 1 アクション
イエスバットのことばを使う ＋先生が言うことを予想させる

　クッションをおいて，イエスバットで伝えます。「ここはいいけど，でも…」という感じです。その際「惜しい！」は使いやすいです。「〇〇さん，惜しい！耳はよく聞いている。後は姿勢だけ！」という感じですね。

　例えば，「先生は今からなんて言うでしょう？」や「〇〇さんに言いたいことがあるな〜」「まさか，〇〇な人はいないよね」と言うと，「あっ」と言って直します。自分で気付かせるのも大切ですし，直接に言われるよりも，嫌な気持ちはしません。

- 👨「チャイムで着席」ばっちり！でも，惜しい！…さあ，先生は，なんて言うかな？
- 👥 教科書が机に出ていない人がいる？
- 👨 その通り！あと5人の人頑張って！できている人は，花丸！

　注意をするけれど，プラスのことばも伝えるイメージが大切です。

9月のポジティブチェック

習慣 39 任せる場面を増やしていく

子どもの気持ち
「自分たちでクラスをよくしていきたい」
「自分たちに任せてほしい」
「信頼して任せてもらえると嬉しい」

心得
先生のことばかけが4月と変わっているかを意識しよう

　守破離でいくと、2学期は破の部分になります。1学期に積み上げてきたことを生かして子どもに任せる場面を増やしていきます。自転車の乗り方を教えているときに少しずつ、手を放す時間を増やすイメージです。

　当然ですが、自分で考えて行動できるようになってほしいと願っていても、それをさせないとできるようにはなりません。小さなことから、自分で決める練習をするのです。自己選択や自己決定できる場面を設定していきます。その繰り返しによって、自分で結論に至れる子どもに成長していきます。

　先生が決めた方が早いし、よりよい案になることは予想できます。しかし、時間がかかっても、よりよい案にはならなくても、口出ししたいのをグッとこらえて任せてみましょう。「どうやって決める？」「どうしたい？」と問いかけます。大切なことは、**「一生懸命考えて、失敗したら、責任は先生がとる」と言いきってあげる**ことです。何度も積み重ねることでしか、自分で考える力はつきません。自分で判断する練習をしていきます。

　「先生は、僕たちが考えて決めたことは、反対せずに受け入れてくれる」と子どもが思えるような関係になることが大切です。具体的なイメージをもっておきましょう。

教師のことばかけが4月と変わっているかを意識する必要があります。子どもが伸びてきているのに，教師のことばかけが変わっていないと，子どもたちはそれ以上成長しにくいです。例えば，移動教室の際に，2学期になっても，「そろそろ並ぶ時間だよ。廊下では，しゃべらないよ。係さんは，忘れもののことばかけをするよ。出発するよ。廊下は，静かに歩くよ」と，何から何まで言ってしまっているようではいけません。

　できるようになったことは任せて，タイミングを考えて，働きかけていく。3月ではなく，12月に学級の完成を目指すと考えると，あと3か月しかありません。この時期から始めていかないと間に合わなくなります。

Plus1アクション
「任せます」を使える場面を常にねらっておく

　常に任せられる場面はないか，機会をうかがうことが大切です。任せるときには，何を任せるかを明確にしてあげることで，安心して取り組むことができます。取り組みの様子をよく見て，想定外になったとしても，子どもなりに考えてやったのなら認めることばかけを続けていきます。**「期待を伝えて任せる。我慢して見守る。励まし続ける」** を心に留めておきましょう。

- 今日の5時間目は，50分に理科室に着席しておきなさい。準備物は，いつも通りです。理科室は，45分に開けます。
- 先生，昼休みは外で遊んでもいいですか？
- 任せます。自分で考えて行動してごらん。

　時間までの過ごし方を任せたということです。言ったからには，50分に間に合うようにどう過ごすかを我慢して見守ります。一手少ない指導によって主体性が育ちます。何を伝えないかに知恵を絞っていきましょう。

9月のポジティブチェック

習慣40 学年（学級）目標を飾りにしない

> 子どもの気持ち
> 「学級目標ってなんだっけ？」
> 「目標って叱られるときだけ話に出てくるね」
> 「決めたときはみんなで考えたけど，最近話題に出てないね」

> 心得
> 学年（学級）目標を
> 日々の行動とつなげていこう

　先生の思いを詰め込んだ学年目標，みんなで考えた学級目標。指導の軸足であるべきだし，立ち返る場所であるべき。でも，見なくても，全員が言える状態でしょうか。意識して生活できているでしょうか。掲示物が風景になってしまっていたら，残念です。そして，何も働きかけがなければ，多くの場合，2学期にはそうなっていることでしょう。

　また，何かよくないことがあったときに「この目標のクラスになるんじゃなかったの？」と説教の道具として活用されるだけの学級目標になってしまっては，悲しいです。できていないときにだけ登場する目標に対して，子どもがネガティブな感情を抱いていくのは自然なことです。

　1年間の半分が経過するこの時期に，改めて学級目標を意識し直しましょう。学級目標をつくったときのことを振り返り，フレッシュな気持ちを思い出すことで後半戦のやる気を高めていきます。

　理想（目標の姿）と現実（今のクラスの状態）とのズレを考えさせることが大切です。**そのズレを，できていないこととしてネガティブに捉えるのではなく，伸びていく余白であるとポジティブに変換しましょう。**まだまだ1年間の半分が過ぎただけです。

Plus1アクション
ポジティブな方向で学級目標を活用する

　ズレを捉えさせたうえで，具体目標として，どうしていくかを考える時間を設定します。例えば，「助け合えるクラスに，まだまだなれていない」というズレがわかれば，「助け合えるためにまずは，何からしようか？」と問いかけます。「掃除時間に担当場所が終わったら，終わっていないところを助けに行こう」「算数のときに，班関係なく教え合いをしよう」という具体目標を出し合います。

　期間を決めて，実際に試してみて，成果と課題を出し合うようにします。子ども主体で，学級目標をポジティブに活用する意識を担任がもち続けましょう。

🧑 2週間，掃除の時間での助け合いを目標にして，クラスで取り組んでみましたが，どうでしたか？

👥 優しいことばかけが増えてよかったです。助け合うことで，時間も早く終えることができました。ただ，状況を見てというより，仲のいい子のところにばかり助けにいっている子もいました。

🧑 今回の取り組みの成果と課題を出し合いましたが，理想としている助け合えるクラスのイメージと現状を考えて，足りていないなと思うことはなんですか？次のミッションをみんなで考えようか。課題の中にヒントがありそうですね。

　この場合は，仲のいい子だけで行われている助け合いという視点が出されました。誰とでも助け合える，本当に必要な人にことばかけができるクラスになるためには…という視点で次なるミッションを考えていきました。

10月のポジティブチェック

習慣41 教師が「試してみる」という視点をもつ

> 子どもの気持ち
> 「1学期通りの流れでやっていこう」
> 「同じことの繰り返しだな」
> 「先生が言わないから，このままでいいか」

心得 子どもと一緒に様々なことにチャレンジしてみよう

　システムは，1学期で確立されているでしょう。2学期は，そこで満足せずに，システムをよりよくしていく試行錯誤を続けていきます。手を打ち続けることで，新鮮な気持ちを保っていくのです。最初は，先生発信で，「このシステムでもいいんだけど，よりよくなる方法がないか試してみない？」と提案します。システムの課題や目指すことを考えて，新しいアイデアを募ります。実際にその活動の動画などを見ると，よりイメージがしやすくなります。

　改善のアイデアについては，「何かアイデアが浮かんだ人いる？」と子どもたちに聞いてみたり，出にくければ，先生から案を出してみたりして，いろいろと実験をしてみます。あくまで実験ですので，試してうまくいかなくても大丈夫ということでどんどんやっていきます。

　先生にとっても，いろいろな実践を試すことは，いいことです。大切なのは，子どもの実態に合わせて考えることです。医者が患者を診て，薬を決めるのと同じです。保護者には，学級通信などで意図を伝えながら，段階的に行っていきます。クラスが軌道にのっているこの時期なら，保護者にも理解してもらいやすいはずです。新たなことを試しながら，自分なりに考え，試

行錯誤や振り返りを行うプロセスで自分の根っこができていきます。**実践がうまくいったかどうかは，自分の感覚ではなく子どもの姿で語れるようにしましょう。**「失敗を恐れずチャレンジしよう」と言っている先生が，それをしているかということを子どもたちは見ています。

Plus1アクション
動画を見て，アイデアを出し合おう

　給食準備では，ある程度システムができてくると，動きがスムーズになっていき，いつも同じくらいの時間で準備ができるようになります。そこで満足せずに，もっと素早く準備できる方法はないかを，全員で考えます。
　最初に，普段の準備の様子の動画を見ます。定点カメラでクラス全体の動きを撮っておきます。それを見た後に，アイデアを出し合います。

😊 今，動画を見て，ここを変えてみたいという点は，ありましたか？
👥 無駄なおしゃべりが多いから，しゃべらずにやったらどうなるかをやってみたい。食器の人は仕事が少ないから，牛乳配りを手伝えば，早くなりそう。エプロンを返す場所が混雑するから，着替えられる人から，どんどん着替えて先にエプロンを戻しに行けばいいかも。
😊 なるほど。たくさん出ましたね。どれから，試してみましょうか？

　自分たちでシステムをよりよくしていく視点をもたせることができれば，他のことに対しても，工夫を考えるようになります。そのうち，先生から問題点を出さなくても，自分たちで挙げられるようになります。
　もし，やってみた方法がうまくいかなくても，実践した価値を肯定的に捉えられるようにことばかけを続けることも大切です。**「自分たちのクラスは自分たちでよくしていく」意識**をもてるようにしましょう。

第2章　学級づくりを支える12か月のポジティブチェック習慣　107

10月のポジティブチェック

習慣42 慣れてきたからこそ，意識的に知ろうとする

子どもの気持ち
「先生は自分のことを○○と思っているのだろうな」
「授業で言えなかったことを先生と話したいな」

心得 「この子はこうだろう」という先入観をもたないようにしよう

　半年が過ぎ，慣れてきたこの時期だからこそ，子どもを見る目を意識します。1学期は，子どものことを知ろうという意識が強いので，自然と子どもを見ようとします。指導に対してどんな反応をするのか，周りの子はその子をどう思っているのか，どれくらい辛抱強く取り組めるのかなどです。

　しかし，半年が過ぎていくと，自分の中で，「この子はこうだろう」と知らず知らずのうちに決めてしまっていることが多くあることに気付きます。つまり，**教師が積極的に，意識的に，継続的に見ていこうとしなければ，子ども理解は1学期の段階から深まっていきません**。見たいものしか見えなくなっているのです。改めて「子どものことが，見えていない」ことを自覚することがスタートになります。

　また，毎日一緒に過ごしていると，小さな変化に気付きにくくなるものです。4月には，たくさん撮っていた写真の数も減っていくことになります。無意識にそうなっているということを，自覚して子どもを見ていかなければ，見ているようで，見えていない状況（眺めているだけ）になってしまいます。「○○だろう」ではなく，「○○かもしれない」の意識をもち，子どもの見取りを行いましょう。

実際には、「自分の考えを三人の友達に説明しましょう」という指示で、「三人と話した子は何人か」「異性の友達と交流した子は？」「三人と話し終わっても、四、五人と話し続けた子は？」「自分から声をかけた子は？」「友達の考えを聞き、質問をした子は？」など具体的に見ていきます。「大体の子は、自分から交流できているな」「男女で分かれていない感じだな」という見方ではなく、細かく見ていきます。もちろん、そのときどきで絞って見ていくのです。

Plus1 アクション
授業後の対話の時間を大切にする

　授業が終わった後、黒板の前でノートを集めていると、子どもたちが寄ってくることがあります。言えなかった意見を言いにくる子。新たに出てきた疑問を伝えにくる子。ノートを見せにくる子。わからないところを質問しにくる子。板書を見ながら、子ども同士で話している子もいます。

😀 このときの、ごんの気持ちって、寂しかったんだと思うんだよね。先生は、どう思っているの？

🧑 どうしてそう思うの？先生はね、みんなの考えを聞いていて、迷ってきたんだ…。

😀 だって、寂しくなかったら、兵十に対してわざわざこんなことをしないと思うから。先生の迷いを教えて！どう迷っているの？

　授業の対話で、素直な姿や面白い考えが出てくることも多いです。授業の終わりと同時に机に戻り丸つけを始めてしまうと、その時間は生まれません。その余韻のある時間を大切にすることで、さらに子どもが見えてくることもあります。

第2章　学級づくりを支える12か月のポジティブチェック習慣　109

10月のポジティブチェック

習慣43　運動会の目的を共有し，継続的に確認する

「学年のダンスを成功させたいな」
「運動会の練習，毎日大変だな」
「練習で叱られるのが，嫌だな…」

心得　勝敗や見栄え以上に大切なことを意識させ続けよう

　最初に子どもたちに，何を語るかが大切です。練習のとき，いつも立ち戻れる軸をつくります。目的を共有しておかないと，自分の組が勝つためや，見る人を喜ばせるためだけの運動会になってしまいます。

①運動会がどういう行事かを語る

　「学校で最大の行事の１つです。練習は，○時間する予定です。全校での練習もあります。当日は，保護者や地域の方を合わせると，○人以上の人が，運動場に集まります。この行事を楽しみにしている人がたくさんいます」

②なんのために運動会をするのかを語る

　「運動会の目的は，勝つことではありません。勝つことを目的にすると，負けたほうには何も残らないということになります。見る人を喜ばせるためだけでもありません。それだけを考えていると，出来栄えがすべてになります。運動会の目的は，望ましい人間関係の形成，つまり，いいチームになるということです。普段の生活とつなげて考えることが大切なのです。そう考えると，どういう姿で練習に取り組むべきか，応援すべきかが見えてきます」

③どんな運動会にしたいかを考える

　ここは，子どもに考えさせます。具体的な姿をイメージさせることが大切

です。今までの運動会も，考えるヒントになります。

④どうすべきかを考える

練習はどういう態度でするのがいいか，どういうことばが増えるといいか，逆にどういうことをするとよくないのか，意見を出させます。みんなで話し合ったことは，紙にまとめて廊下に掲示したり，練習の最初に見られるようにしたりして，初心に返ることができるようにしましょう。

⑤最初の練習で達成感をもたせる

その後，最も意欲が高まっている最初の練習を成功させて，思いっきりほめることで，心が行動につながっていくことを実感させます。今後の練習でも，心を大事に頑張ることを確認しましょう。

Plus 1 アクション
目的に向かっている練習の態度をほめる

目的に向かうような練習態度を見逃さず，認めることばかけを続けていきます。前向きなことばをかけている子を見つけていきます。

- 水分休憩を終えて，自分の場所に戻ってくるときの素早さが素晴らしい。しんどくても，ポジティブなことばが聞こえてくるのが，素晴らしい。暑い中で，何度も同じ練習，6時間目なのにね。最初に話したいいチームになるという目的に向かって，成長しているね。出来栄えよりも，勝つことよりも大切なことだと思うよ。
- 毎回，練習の始めに確認しているから，目的を覚えました。
- 先生も意識していないと，出来栄えばかりになってしまいそうだからね。

自分の指導を振り返るためにも，目的を何度も確認するようにします。**「学年がチームとして成長することが目的」**ということを忘れないように。

10月のポジティブチェック

習慣 44 バタバタする時期こそ時間を厳守する

子どもの気持ち
「体育の練習で忙しい」
「ゆっくり着替えたら，次の授業の時間が減るな」
「理由があれば，ダラダラしても，叱られない」

心得 先生が率先して時間を守る意識を伝播させよう

「1分前になったら，着席をして，チャイムの最初のキーンで号令をかける」ことを教室の約束にしています。

そのためには，先生が3つのことをしないといけません。

1つ目は，**休み時間の終わりのチャイム1分前になったら，教卓の前に立つ**ことです。理想は，子どもが自分で時計を見て着席を始めることですが，先生が前に立つことで，「もう時間だな」と気付く子もいます。子どもにチャイムが鳴る前の着席を促すなら，先生も同じようにすることを示すことが大切です。もちろん，先生も授業で使うもの（教科書，タブレット，自分のノートなど）が教卓にある状態にしておきます。子どもに，それを求めているのですから，先生もそうすることは，当然ですね。

2つ目は，**終わりの時間を絶対に守る**ということです。授業の終わりも，キーンとなった時点で終わりにします。「先生は，絶対に終わりの時間を守るから，みんなも始まりの時間を守りましょう」と伝えます。ですので，どれだけ中途半端になろうとも，授業はチャイムで終わります。そのためには，3分前くらいになったら，発表はさせません。子どもがしゃべっていると切りにくいからです。

3つ目は，**着席が遅い子がいても，チャイムで授業を始める**ことです。遅れると損をする状況をつくります。もちろん，授業後に遅れた理由は聞かないといけませんが，授業の時間（全員の時間）を使って指導をすることはしません。おかしな連帯責任をなくし，ちゃんとしている子が損をする状況にならないようにします。

Plus1 アクション
教室移動があっても「時間を守る」を徹底する

　教室移動でも時間厳守を徹底します。この時期は，運動会の練習により，運動場や体育館に移動することが増えます。その際にもチャイムで始められることを目指して指導をしていきます。この時期に時間が守れるようになれば，後はどの時期でも大丈夫です。

　終了時間が延びた場合は，その時間を計っておいて休み時間を延ばします。**ダラダラ延ばすのではなく，延長した時間を分単位でしっかりと計って**おいて，タイマーなどで示すことが大切です。授業が延長したから，その後の時間はダラダラしていいとならないようにします。

- 👨 全校での体育が，5分23秒延長しました。ですので，おまけをつけて，6分間休み時間を伸ばします。チャイムがなったら，6分タイマーをつけるので，それを見て休み時間を過ごしましょう。
- 👧 早く着替えて遊ぼう。ちょっと伸びた，ラッキー。
- 👨 先生も急ぐね！時間を守れることを期待していますよ。

　秒単位まで伝えることで，先生がちゃんと時間を把握しているということを感じさせます。子どもに納得感を与えることが大切です。先生もこの時期は大忙しですが，時間を守れるように頑張りましょう。

第2章　学級づくりを支える12か月のポジティブチェック習慣

10月のポジティブチェック

習慣 45 雑談で一人ひとりに耳を傾ける

子どもの気持ち
「自分の話を聞いてほしいな」
「興味をもって聞いてくれたら，嬉しいな」
「勉強以外の話も，たくさんしたいな」

心得
疲れてくる時期だからこそ
くだらない話をする時間を大切にしよう

　お互いに疲れが出てくるこの時期。先生も子どもも疲れてくると，自分のことばかりで，周りが見えにくくなっていきます。それによって関係性が冷え込んでしまうことを避けなければなりません。

　そんなときこそ，たくさんしゃべることが大切です。意味のない雑談でいいのです。楽しく話している姿を他の子たちも見ています。自分から話しに来る子だけでなく，クラスの全員と雑談する時間を大切にしていきましょう。

先生は，話し上手より，聞き上手に

　「先生，今週の土日，何するの？」この質問をする子どもの多くは，先生の予定が知りたいのではなく，自分の予定を先生に話したいのです。「私の土日の予定を聞いてよ」とは言いにくいから，先生に質問しているのです。

　わざわざ先生に質問してまで自分の話をしたがっている子には，たくさん質問をしてあげましょう。雑談をするときには，「先生はたくさん楽しい話をしてくれる」よりも，**「先生は自分のことに興味をもって，たくさん聞いてくれる」と感じさせる**ことを意識します。

私は面白い話はできません。その代わりに、「話を聞いて、大きくリアクションをして、共感する」「疑問に思ったことは、すぐに質問して詳しく聞く」この２つを大切にしています。
　周りの子が「なんの話をしているの？」と興味をもつくらい楽しそうに聞きます。八分目で切り上げて「また教えてね」と終わることで、また話しに来てくれることも多いです。そういう雑談から、習い事のこと、家族のこと、好きなこと、友達関係のことなど、たくさんの情報を得ることもできます。

Plus1アクション
子どもの変化に気付けるように努力する

　大人だって、変化に気付いてもらえると嬉しいです。気付いてことばかけしてもらえると、自分のことを気にかけてくれていると思うからです。
　「先生がどれだけ子どもの変化に気付けるか」が大切です。例えば、髪の毛を切っている、いつもと違う髪型をしている、新しい服を着ている、新しい靴を履いている、鼻声になっている、爪が伸びている、文具が変わっている、いつもより登校が遅い…など、いろいろな変化に気付いてことばかけをしてあげましょう。そこから、話題を広げていきます。

- あれ、その服見たことないな。新しいやつ？
- うん。昨日、買ってもらった。
- 自分で選んだの？似合ってるよ。○○さんの雰囲気にピッタリだ。

　先生が自分に対して関心をもっていると伝わることが大切です。疲れがたまってきて、自分のことしか見えなくなる時期だからこそ、見ようとしないと見えない変化に気付けるように意識をします。相手が言われて嬉しいひと言を付け加えて伝えましょう。

10月のポジティブチェック

習慣 46 ゆるやかに，でも，しっかりと整える

子どもの気持ち
「2学期は長くて，終わりが見えないな」
「毎日の繰り返しに疲れてきたな」
「最近，叱られることが増えてきて，面倒だな」

心得
11月に向けて，仕切り直しをしよう

　10月は，11月を見据えた指導をする必要があります。11月は，6月や2月と並んで，学級がしんどくなる時期だからです。大きな行事を終えて，改めて，日常を見直すことが大切です。4月に立ち返り，学級経営の基本に戻ります。やっぱり，「当たり前のことを，当たり前にできること」。できるようになったこと，もう少し先のことを考えます。「もう10月なのに，こんなこともできない…」と嘆くのではなく，**「あと半分もある。まだまだ，力を伸ばしていこう」**と前向きに捉えましょう。大切なことは，何度でも伝えればいいのです。じわじわと浸透していっていると信じましょう。

　後悔する指導は，焦っているときにしてしまうものです。心の余裕をもって，ゆるやかに，でも，しっかりと乱れを整えていきましょう。

　教師の目線も，1割の気になる子ばかりに向いていませんか？意識的に，できている子，コツコツ頑張っている子に，光を当てていきましょう。授業の最初に，無理にでもいい面を見つけてポジティブなことばをかけることを意識すると，自分もほめモードに入って，いい空気感で授業を始めることができます。いい面に目を向けようとしていた4月を思い出しましょう。

面倒くさいに負けない

　我慢する力は，鍛えることで高まっていくものです。「まあいいか」と流してしまわずに，ちょっとずつの我慢できる力を高めていく必要があります。そのちょっとの我慢ができる力は，一生役に立っていきます。先生も，「まあいいか」と流さず，ダメなものはダメ，やり直すべきことは，やり直しをさせる強い意志をもちましょう。すべては，子どもを伸ばすためです。

Plus1アクション
折り返しを意識させる

　長い2学期です。**節目をつくってあげることが，気持ちを持続するためには大切**になります。そういう意味では，10月でスタートから100日が過ぎます。ちょうど，1年の折り返しの時期になります。私の経験では，「もう折り返しかぁ。早いなぁ」と思う子どもが多いです。4月からの時間の経過とクラスとしての成長をともに感じましょう。

👤 今日は，なんの日か知っていますか？今日で，1年間のちょうど真ん中。折り返しなのです。どう思いますか？
👥 早いと思った。不思議な感じがした。
👤 先生も早いと思いました。でも，4月からみんなは，とても成長してきたなとも思いました。後半戦も大きく成長してくださいね。前半戦を振り返ってみて，どんな後半戦にしたい？

　11月からは，後半戦がスタートです。前半戦を振り返り，どんな後半戦にしたいかの先生の思いを語ります。子どもからも，意見を聞き，希望をもたせましょう。一緒に過ごせるのもあと半分。先生も気合いを入れ直します。

第2章　学級づくりを支える12か月のポジティブチェック習慣　117

11月のポジティブチェック

習慣 47 日常の行事化で楽しみを生み出す

子どもの気持ち
「行事が終わって，目指すものがないなあ」
「冬休みまでは，まだまだだな」
「毎日，同じことの繰り返しで，しんどいなあ」

心得
メリハリのある活動で
熱中と笑顔を生み出そう

　長い２学期の中だるみが表れるのが，この時期です。運動会などの大きな行事も終わり，気が抜けやすくもなります。
　日常の活動を行事化させていくことで，日常にメリハリを生み出しましょう。何も大変な準備が必要なことをお膳立てする必要はありません。学んだことを発表する場を設けたり，休み時間にちょっとしたイベントを企画させてみたり…。**教師も無理せず，楽しみながらできるような，取り組みを考えましょう。**

見合うことで，緊張感アップ！相互評価を取り入れる

　子ども同士がお互いに作品やノートを見合い，評価し合う場面をつくります。そうすることで，普段の生活と絡めて「あの子は苦手なことに頑張って取り組んでいる」「得意を生かしてコツコツと努力している」など子ども同士でよさを認め合うことができます。
　例えば，作文を書くときにも友達に読まれるというゴールがあると，字を丁寧に書こうとしたり構成を工夫したりと，先生だけが読むよりも子どもの

意識は高まります。友達の目を意識することで意欲がアップするのです。

　読むほうにとっても、刺激になります。友達のいいところをマネできますし、よくないところは、自分のものを見返す機会にもなります。

　事前の注意を丁寧に行い、コメントをどこまで書かせるか。いい面に絞るか、アドバイスし合うのかなどの目的を説明しておきます。ノートに書く場合は残るものなので注意が必要です。人間関係をもち込まない、批判する場合も人と論を分けて考えるなどの説明は、きちんとしておきましょう。友達からアドバイスをもらってよくなった、コメントをもらえて嬉しかったなどの経験を作文、自主学習、ノートなど、どの場面でもさせていきましょう。

Plus1アクション
「楽しさ」と「緊張感」を保つ

　日常の様々な場面で、他者に表現する場、他者と競い合う場を設定することで、「夢中になる、熱中する」時間をつくります。

　授業で行うなら、教科の学習を発展させて行うようにします。例えば、ビブリオバトル、タイピング大会、百人一首大会、音読コンテスト、スピーチ大会、大縄大会などを、練習期間を設けて日程を決めて、取り組みます。高学年なら、実行委員などを募って、どんな大会にするかを考えさせても、盛り上がります。

　また、休み時間にも、腕相撲選手権、トランプ大会、ぬり絵大会、将棋オセロ大会など、中遊びの企画をしても面白いです。

　学年でクラスごとに集会を企画して運営するのも楽しみになります。今回は、1組が企画運営で学年集会をするなどです。

　先生が失敗を恐れず、動き出すことが大切です。**常に次のことに向かわせることで、だれてくることを防ぎ、日常にメリハリが生まれてきます。**

11月のポジティブチェック

習慣48 教室で使われることばに敏感になる

> **子どもの気持ち**
> 「先生は優しいから，ため口でいい」
> 「先生のことば遣いも，よくないし」
> 「仲良しの友達は，ノリがわかるから，どんなことばでも大丈夫」

心得 ことばを通して，子どもとの距離感を調整し続けよう

ことばには距離感が表れます。教師は，教室で使われることばに敏感でなくてはなりません。4月にいい距離感をつくれたと思っていても，子どもとの距離感は常に変化していきます。その変化を感じ取りながら，調節をし続ける必要があります。ことばを見直すことで，距離感の調整を図りましょう。

ことばを見直す視点

人間関係が固まってくる時期だからこそ，改めてことばについて考えます。
①**教師から子どもへのことば**
・関係ができたことに甘えて，ことばが雑になっていないか？
・子どもにマネしてほしいことばを使えているか？
・子どもに対する敬意はあるか？
・子どもによって，ことばの差はないか？（男子には…あの子には…）
②**子どもから教師へのことば**
・ことばの表す距離感は適切か？
・教師が意図をくみ取りすぎて，省略して話すようになっていないか？

・休み時間と授業中で区別がつけられているか？
・気になったときに，止めて，教えて，言い直しをさせているか？

③子どもから子どもへのことば
・自分の感覚に引っかかることばが使われていないか？
・4月でもそのことばは気にしていなかったか？
・その子の保護者が聞いても，何も思わないことばか？
・人間関係に甘えて，嫌なことばを流していないか？（仲良しだから…）

Plus1アクション
私的か，公的かを考えるよう促し正しいことばを教える心構えをもつ

　どんなときに敬語で話して，どんなときは常体で話していいのかの判断はなかなかできません。時間，場所，状況に応じてというのは，難しいのです。でも，そこを適当に流してしまうと，子どもとの距離感はおかしくなっていきます。ことあるごとに，ことばの使い方を具体的に教えていきましょう。

😀😀 先生，教科書忘れた〜。
😊 休み時間であっても，忘れものを伝えるときは敬語を使います。なぜなら，授業に関わる大切なことだからです。どう言えばいいかわかるかな？
😀😀 教科書を忘れました。明日必ず持ってきます。
😊 今日は，どうしますか？
😀😀 必要なときは，隣の人に見せてもらいます。
😊 明日は，必ず持ってくるように。信じていますよ。言い直して上手に伝えられたのはよかったです。次は，言い直しせずとも言えるようにね。

　敬語で話すべき場面とその理由を伝えます。自分から敬語を使えたときや日常場面でことばの使い方を判断できたときには，しっかりとほめます。

11月のポジティブチェック

習慣49 陰口の二次被害を起こさない

> **子どもの気持ち**
> 「自分のことを陰で悪く言われている，噂を聞いた…」
> 「あの子のことは信用できない」
> 「教室は安心できる場所じゃない」

心得 背景や要因を考えさせよう

　陰口を言われている，言われている気がするなど，先生に噂が入ってきたり，相談をされたりします。タイミングを見て，陰口について話しておくことが大切です。「相手のいないところで，相手のことを悪く言うことを陰口というね。それってどう？…全員がよくないとわかっているのに，人はなぜそんなことをするんだろうね」と問いながら，考えさせます。

　陰口を言うのは，①ストレスを解消するため　②自分のプライドを守るため　③共感して結束を固められるため　だといわれます。

　①陰口を言うと，ストレスホルモンが分泌されるため，実はストレスはたまります。しかも，強い刺激を求めるようになり，陰口は癖になります。

　②自分のプライドを守るために言っている陰口は，実は自分の印象を下げています。人は話の内容と話している人のイメージを無意識に結びつけます。陰口を言うような人だから…と思われることになります。

　③共感して結束を高めていると思いきや，実は，自分も周りも不安にさせています。陰口を言うことでつながる友達は，本当の友達と言えるのか？それで共感し合って仲良くなれたと思っているのは，自分だけなのかもしれません。自分も周りも，どこかで陰口を言われているかもと不安になるし，不

安だから，つながるためにもっと陰口を言うという悪循環に陥ります。

　つまり，「陰口は一時的にすっきりしたように感じたり，友達とつながれた気がしたりするかもしれないが，よく考えるといいことはない」のです。

Plus1アクション
陰口を聞く側についても教えておく

　陰口を言いたくなるのが人間です。その気持ちは否定しません。じゃあ，誰に聞いてもらう？保護者？先生？それもいいけど，やっぱり友達と話す機会が多くなるでしょう。そこで，**陰口を聞く人の対応も教えておきます。**

👤 友達が誰かの陰口を言ってきたら，かばってあげたり，なだめてあげたりができればいいね。それができないなら，共感しすぎないようにしよう。もし，同じ気持ちだったとしても，「そっか。そう思ったんだね。嫌だったね」くらいの返しにする。それを，相手に伝える郵便屋さんをしたり，他の子に「○○が○○のこと悪く言っていたよ」と言ったりすることはしない。言うことで，陰口を言った子を共通の敵にするか，言われていた子が落ち込むか，お互いをケンカさせるか，のどれかにしかならない。言われていた子のことを思って伝えても，誰も得をしない。親切にも，正義にもならないよ。

👥 伝えてもらった方が嬉しいんじゃないですか？

👤 伝えられた人も最初は，教えてくれたいい人となるかもしれません。でも，よく考えると，「相談したことも誰かに伝えるような人」だと思われることになりますね。

　陰口は，聞いてもらった段階で，ある程度すっきりしていることが多いです。そこから，二次被害を引き起こさないようにしたいですね。

11月のポジティブチェック

習慣 50 丁寧さとスピードの両立を意識する

子どもの気持ち
「慣れてきたから，これくらいでいいや」
「適当に言い訳したら，ダラダラしていても大丈夫」
「早く終わらせたいから，適当にしよう」

心得
丁寧さとスピードの両方で全力を引き出し続けよう

　放っておくと，「雑になる，適当になる，遅くなる」のが人間です。丁寧さもスピードも個別でチェックして，評価することが基本です。教師の根気強い指導が分かれ目になります。**どうしてもだれてくるこの時期だからこそ，細かい部分にこだわっていきましょう。**

　育っているクラスほど，ロスタイムは少ないです。すべきことがわかっているのに遅いことに対しては，指導をしていく必要があります。その場面ごとに素早く動く子どもの姿を具体的に教師がイメージすることで，ことばかけが変わっていきます。そのイメージを子どもと共有していきましょう。

　丁寧さは，面倒なことから逃げずに，コツコツ積み上げていく力につながります。ノートなどの字は，きれいな字ではなく，丁寧な字を書くことを求めます。それは，気持ち次第で，誰にでもできるはずです。書いた字だけを評価するのではなく，書いている様子を観察して，ことばかけすることが大切です。漢字や視写をするときには机間巡視をして，前向きなことばかけをします。丁寧な字とは，マスいっぱいの大きい字・とめはねはらいができている字・ゆっくり濃く書いている字のことだと定義を伝えましょう。

　提出物の向きを揃える，提出物を先生のほうへ向けて出す，名前を丁寧に

書く，直線は定規を使って書く，プリントは両手で渡すなど，慣れてきても雑にならないように指導をしていきます。この時期だからこそ，地に足をつけた指導をどれだけできるかが大切です。

Plus 1 アクション
細かく時間を計り，遅い原因を考えさせる

「最近，給食の準備が遅いです。もっと早くしなさい」では，結局何が原因なのかがわかりません。そこで，分析するために細かく時間を計ります。

4時間目が終わって，エプロンを着替えるまでに何分？並んで出発するまでに何分？教室を出発してから，戻ってくるまで何分？給食当番が帰ってきてから，最後の子が給食をもらうまで何分？エプロンを脱いで，いただきますまで何分？という感じです。

👤 最近，給食の準備に時間がかかるようになっているけど，どこに時間がかかっているか，計ってみました。こんな感じです。どうですか？

👥 無駄なおしゃべりをやめたら，着替えてから出発する時間を短縮できると思います。配膳は素早くできているから，着替えや並ぶ時間を素早くすると，5分くらいは短縮できると思います。

👤 そうか，なるほど。確かに，配膳自体は早いよね。じゃあ，今日からそれ以外の部分を意識してスピードを上げよう。スピードは，学校1番を目指そう。それが，残食を減らすことにもつながるよ。

このように，原因を考えられるようにしてあげることが大切です。時間という事実を基に考えることで，納得感をもつことができます。掃除や給食準備を動画で撮ってみて分析するのもおすすめです。

第2章 学級づくりを支える12か月のポジティブチェック習慣 125

12月のポジティブチェック

習慣 51 一人ひとりの好きを発揮できる
お楽しみ会をする

「楽しい会を成功させたいな」
「自分たちだけの力で挑戦したいな」
「みんなが楽しめるといいな」

心得 企画から子どもたちに任せて
サラッと支えて，成功体験につなげよう

　何より大切なのは，目的です。「なんのために，この会を行うのか」を考える時間を大切にします。ただの遊びの時間にしないということです。「全員が楽しめるように」「2学期の頑張りを労うために」「みんなの好きを発揮できるように」など子どもから出てきたことを基に，プログラムを考えさせます。使える時間，場所，ものなどは先に伝えておいてあげましょう。

　やることや分担が決まったら，準備は子どもたちが主体的に取り組む姿をできるだけ見守るようにします。「やるのは，みんな。でも，相談にはいつでもおいで」の姿勢でいます。子どもたちが，終わった後に達成感を得られるように，ここぞというところではしっかりと支えてあげます。

　個人やグループで得意なことを発揮する時間をつくることも多いです。その際は，メンバー，必要な時間，内容，準備物，場所を書いた企画書を提出させます。司会の担当の子へのお願いを書いておく欄をつくると，「サビの部分は一緒に歌ってください」などと書いて，みんなを巻き込んだ時間にすることもできます。

　自分には興味のないことでも，情熱をもち全力で取り組んでいる人を見ることは刺激になります。「あの子，こんな一面があったのか…」というのも，

見ていて楽しいです。自分の好きなことを認めてもらえるのは，存在を受け止めてもらえることにつながります。

自分たちで成功させるイベントに

準備の段階から，多少の軋轢は生じるでしょう。先生は，それも当然のことと想定しておいて，どっしり構えることが大切です。

お客様感覚の「楽しいお楽しみ会」では，してもらう思考，他責思考になります。**自分たちで決める「楽しむお楽しみ会」**にして，前向きに，自責思考で取り組むことが大切です。2学期の終わり段階の，学級の力を試す意味でも，どこまでできるか，よく見るようにします。

Plus1アクション
先生コーナーで思いきり楽しむ姿を見せる

先生もその日に向けて，準備してきたものを披露します。手品，楽器，ダンスなど，勉強以外の一面を見せることも，子どもとつながっていくうえでは大切なことです。もちろん，上手じゃなくても大丈夫です。

- 😀 先生は，今日まで1か月練習してきた手品を見せます。タネがわかっても決して言わないように！びっくりのリアクションもお願いします！
- 👥 先生，指が見えている！言ったら，あかんやん！
- 😀 見えてない！カードが浮いています！できた！拍手をお願いします！

私は，子どもと漫才をしたり，エアーで歌を歌ったり，ダンスを見せたりしたことがありました。安心して自分を出せるクラスにするためには，まずは先生からという意識も大切ですね。どれだけ緊張するかもわかります。

1月のポジティブチェック

習慣52 次の学年まで意識した新年の目標を立てる

> 子どもの気持ち
>
> 「新しい1年のスタートだから，今年は頑張ろう」
> 「冬休み気分で，なかなかやる気が出ないな」

心得　新年の目標は次の学年までを想定して立てるようにしよう

　3学期の始まりは気分を一新でき，目標を立てるのには最高のタイミングです。私は，新年の目標を立てる際には，次の学年のことまでイメージさせています。3学期にもうひと伸びするのはなかなか難しいですが，次の学年のことまでイメージすることで，「こんな力を今年度のうちにつけておきたい」とやる気が出てきます。そうすると，最後の3か月の過ごし方が変わってきます。

　また，目標設定のときには達成できた場合の感情をイメージさせます。そうすることで，努力へのモチベーションを高めることができます。

1年後をイメージして，今の学年でしておくべきことを考える

　目標設定の意味は，今の行動を変えて，自分を成長させていくことです。

　まずは，次年度の学年について，具体的にイメージをさせてあげることが大切です。それを語ったうえで，その学年で4月から頑張るために，「今の学年のうちにどういう力をつけておきたいか」，次に「そのためにどんな努力を今からしていく必要があるか」を考えます。

目標をできるだけ小さく具体的にしていき，できたかできてないかを評価しやすいところまで落とし込むことが大切です。「高い目標の達成は，毎日の小さな積み重ねの上にしかない」ことを意識させます。

Plus1アクション
１月末で振り返り軌道修正をする

　「１月初めに立てた今年の目標。どんな目標かを覚えているか？」「実現のために何ができているか？」と，１月末に子どもに問います。大人でも約80％の人が２月初めまでに挫折してしまうというデータもあります。目標を立てたときは「心機一転，今年はやるぞ」とやる気満々だったはずが，日常が始まると，毎日のすることに追われて，意識できなくなっていく…。

　そこで，１月末に，目標の振り返りと見直しを行う時間をとりましょう。どれだけ目標に近づいたかを振り返り，自分で軌道修正できる力をつけるためです。自分で決めた高い目標に向かって努力する毎日は，充実していると体感させたいですね。結果ではなく，自分がどう高まったかが大切です。そこに目を向けられることばかけをしていきましょう。

- 初日に立てた目標の達成度を振り返ります。順調に進んでいますか？
- 忘れていた。できていないな。少し意識して生活しているな。
- 大切なことは，目標を見直していくことです。意識できていないなら，意識しやすい目標に変えましょう。達成度がわかりにくいなら，わかるようにさらに具体的にしてみましょう。

　振り返りにより，ダメなところに目を向けるのではなく，少しでもできるようになったこと，前に進んだところに目を向けさせたいですね。この目標では意欲につながらないということがわかったとしてもそれは前進なのです。

1月のポジティブチェック

習慣53 姿勢の指導は見た目ではなく その子を思ってする

> 子どもの気持ち
> 「ダラッとしてしまう」
> 「いい姿勢を保つのは，しんどい」
> 「姿勢なんか悪くても，聞いていればいいやん」

心得 子どもが自分で「正そう」と思えることばかけをしよう

　体と心はつながっています。心を立てるためには，まず体を立てる必要があります。人間は，心身即応の生き物です。「やることをしているからどんな姿勢でもいい」「耳は聞いているから，姿勢はなんでもいい」ということではないのです。

　いい姿勢を継続できる時間に違いはあっても，細かいことばかけによって，姿勢は改善されます。完璧な姿勢を求めるのではなく，悪い姿勢をなくしていくイメージで指導をすることを続けましょう。もちろん，同じ子ばかりを名指しで注意することのないように，配慮は必要です。

　いい子をほめていくうえで意識するのは，「いい姿勢だね」の後に「頭がよく働くだろうね」「やる気が自然と湧いてくるね」「周りも勉強モードにしてしまうね」「前向きな心が表れているね」のように，ひと言を伝えることです。聞いている子も，「それなら正そう」と思えるようなことばかけですね。**見た目を気にした姿勢指導ではなく，その子のことを思った姿勢指導**を意識します。姿勢をよくすることの価値について，共有していきましょう。

　体の芯がしっかりしていなければ，心の芯も乱れるのです。「姿勢が先，やる気は後」「腰骨意識！」などのあいことばを，パッと伝えて，意識させ

ていきましょう。

Plus1アクション
最悪の姿勢で授業をしてみる

　両極端を体験させるために、「最悪の姿勢で、授業を受けてみよう」と提案します。10分くらいで時間を区切って、書く、ペアで話す、聞く、読むなどの活動を最悪の姿勢で行います。その後、どう感じたかを振り返ります。子どもたちからは、「書きにくかった」「頑張る気が起きない」「発表したくなくなる」「眠たくなる」などの意見が出てくると思います。

　その後、最高の姿勢で取り組ませます。机間巡視で、全員が立腰の姿勢をできているかチェックしてから行います。「10分で区切るので、腰骨を立てて、頑張りましょう」と指示します。振り返りをすると、「勝手にやる気が出た」「頭がさえてきた」「でも、腰が疲れた」などの意見が出るでしょう。姿勢を正すことで、保持のために必要な筋肉がついてくることも伝えます。体が先か心が先かは場合によると思いますが、やる気が出ないときこそ、姿勢を正すことでやる気を起こさせるという意識に変えるのです。

🧑 姿勢の効果を感じるために、今から、試しに最悪の姿勢で授業をしてみようか。じゃあ、どうぞ。まずは、みんなで声を揃えて音読してみよう。

👥 先生、声が出にくいです。

🧑 なるほど。いい気付きだね。でも、今は実験中だから、続けます。ほら、○○さん、姿勢がよくなってしまっているよ。悪くしなさい。先生こんな注意、初めて言ったわ（笑）

　このような感じで、楽しく試してみます。ことばで何度も伝えるより、実際にやってみることで、姿勢の大切さに気付くはずです。

第2章　学級づくりを支える12か月のポジティブチェック習慣

1月のポジティブチェック

習慣 54 全員で声を出す活動を取り入れていく

子どもの気持ち

「寒くて，眠いな」
「なかなか元気が出ないな」
「声を出すの面倒くさいな」

心得

「いい声」によって
クラスを元気にしていこう

　冬休み明け，クラスに元気がない，活気がない，雰囲気が暗い，周りの様子をうかがっている感じがするといったとき，授業の中で自然と雰囲気を明るくしていきたいですね。そのために，全員で声を出す活動をどんどん取り入れていきましょう。全員で声を出す活動のよさは，①声が大きくなっていくので，変化を感じやすい　②揃える心地よさを感じやすい　③ミスをしても目立たない　などがあります。**「元気があるから声が出る」ではなく，「声を出すから元気が出る」の意識**で，声を出させていきましょう。

　声が出ていない教室は，自己開放がされていない教室だと言われます。あいさつ，音読など，全力で声が出せるムードを担任がつくっていくことが大切です。最初は小さくても，変化に目を向けて価値付けしていきましょう。

先生は，テンポよくほめることばかけを

　詩，新出漢字，難読漢字，県名，国名，歴史人物，公式などを，授業の最初の5分で帯学習として声に出して読ませます。YouTubeの動画などで学習に適した歌もたくさんあります。楽しく声を出せる工夫をしましょう。

「揃ってないね」「小さいよ」などのネガティブなことばはできるだけ使いません。ほめて，励まし，空気をあたためていきます。小さいと思ったら，「大事だから，もう1回いこう！」「惜しい，もう1回！」と言って「1回目よりも大きくなった」「1回目より口が大きく動いていた」と伝え，プラスの方向でことばかけをしましょう。あんまり変わらないと感じても，力強く「よくなっている！」と伝えてあげることも大切です。

　あおることばかけもときには有効です。「もうこれ以上は出ないよね？」「スピード上げるとついてこられないと思うけど，やってみる？」のような感じです。

Plus1アクション
先生が一番いい声を出す

　最初の頃は，声を揃えて出すときに先生も一緒に声を出します。読むスピードを示すこともできますし，声の出し方の見本となれるからです。指導しなければ，声を揃えると言うと子どもはゆっくりと読むため，テンポが悪くなります。テンポよく読んで声を揃えられるようにするためには，先生も一緒に読んで，ついてこられるようにするのが基本です。

👤 じゃあ，みんなで声を合わせて読んでみようか。先生も一緒に読むから，見本にして，しっかりついておいで。速いけど，揃うかな？せーのっ！
👥 先生速い！でも，読めたよ！
👤 いいスピード，いい声でしたね！声を出すと，クラスが元気な雰囲気になっていくね。どんどん声を出していこう！じゃあ，次はここを読もう！

　声を揃えることは，楽しいと思わせられるかですね。どんどん声を出させて，寒い冬の教室をあたためていきましょう。

2月のポジティブチェック

習慣55 毎日の目標を大切に，仕掛けてほめる

> 子どもの気持ち
> 「ただただ，終わりに向かって毎日が進んでいるなあ」
> 「もう少しで終わりだし，このままでいいか」

> 心得
> 一点突破で，
> 1日1日を充実させよう

　気になるところばかりが目につき，小言が多くなってしまうのが2月です。「叱って落ち着かせる」ではなく，「仕掛けてほめる」を意識していきます。**「仕掛ける」とは，今日頑張ることを共通理解しておくことです。**1つに絞って取り組みます。絞ることで，いいところを見つけやすくなります。先生は，写真やメモで記録を取ります。帰りの会で，記録を基によさを伝えたり，子ども同士で頑張りを紹介したりします。

　この時期だからこその一点突破です。時間を守る，聞く態度，ポジティブなことばを使う，声の大きさ，給食，掃除，姿勢，字の丁寧さ，切り替えのスピード，発表など…当たり前のことを，毎日1つずつ，初心に返って頑張らせます。1つのことに向かって，全員で，全力でやるというのが，クラスのモチベーションを高めていきます。

残りの日数を細かく意識させる

　「もう少しで1年間も終わり」のようなざっくりとした捉え方ではなく，残された日数を細かく見ていく視点を与えます。まずは，登校日数です。2

月に入り，「あと2か月か…」と思っていても，実際の登校日数を数えると30日程度です。「あと30回学校に来たら，このクラスは，お別れです」そう聞くと，本当にあっという間だなと感じると思います。

教科ごとに考えると，習字はあと○時間，一緒に図書室に行けるのはあと○回，運動場での体育は，最大であと○回…と細かく伝えます。終わりを意識することで，残された時間を大切に過ごしていこうという気持ちになります。先生側の視点としても，**残り時間を細かく捉えることで，自分が本当に伝えておきたいことに目を向けることができるようになる**でしょう。

Plus1アクション
スケーリングクエスチョンで振り返りを行う

1日の目標に対する達成度を数値化させ，自己評価させます。私は，4段階評価で自分の行動を振り返らせることが多いです。「ある程度頑張った」「さぼってはない」という漠然とした振り返りではなく，数値化することで，目標に対しての自分の位置を明確にすることができます。その点数をつけた理由を問い，1点上げるためにどうするかを考え，ペアで話をします。

- 👨 今日のミッションは，「切り替えのスピードを最速に」でした。1日を振り返って，自分は4点満点中，何点でしたか？話し合いましょう。
- 👥 自分は2点かな。体育のとき友達から注意されることがあったし。
- 👨 今日の振り返りを，全体で共有して，クラスとしてもどうだったか話し合おう。そして，明日の1点集中ミッションを考えましょう。

どれも，1学期から取り組んできたことです。それを，2月にもう一度，全員で取り組んでいきます。最後までやり抜く姿勢を先生が示していくためにも，大切なことです。やるからには，厳しさをもって，やり抜きましょう。

2月のポジティブチェック

習慣56 欠席者への学力と心のフォローを丁寧にする

> 子どもの気持ち
> 「休んだから，勉強が不安だな」
> 「友達は，心配してくれていたかな」
> 「登校したらみんなは，声をかけてくれるかな」

心得　一人1枚の付箋で，フォローの抜けがないようにしよう

　冬は欠席者が増えやすいです。感染症だと，1週間くらいの出席停止になることも多いです。その期間に，本人，保護者は，不安が大きくなります。

　クラスで数人が休んでしまい，それが日替わりになると，誰がどの課題ができていないかを把握することが大変になります。そのために，欠席者の名前を書いた付箋を先生の机に貼っておきます。一人につき1枚で，大きめの付箋を使います。授業のたびに，その付箋にメモをしていきます。宿題などでした方がいいものも書き加えます。登校したら，その付箋に優先順位の番号を書いて渡します。子どもは自分の机に貼っておき，休み時間などを活用して実践していきます。できたものから消していき，すべて終えられたら先生が確認をして捨てます。

登校した際の3つのフォローで安心感を

①朝一番に声をかける

　久しぶりに登校する子が緊張するのは，朝です。先生が最初に声をかけると，クラスの子たちも寄ってきます。体調を気遣ったり，学校であった話を

伝えたり，今日は無理しないように伝えたりすることで，安心させます。
②授業中にできるだけフォローする
　「○○さん，当てても大丈夫？」「もうみんなに追いついたよ！」とたくさん名前を呼んで，その日の主役にします。「○○さんに，説明してくれる人？」と，他の子に説明させて，助け合える空気をつくりましょう。
③休み時間にフォローする
　個別のフォローは必要です。先生の机に呼ぶと，周りの子たちも寄ってきて，一緒に楽しく学習ができます。板書の写真を見せたり，友達のノートを見せたりすると，授業のイメージが湧きやすいです。

Plus1 アクション
いないときに欠席者を取り上げてほめる

　「誰が欠席しているかクラスの子が知らない」「健康観察のときにしか話題に上がらない」のは少し寂しいなと思います。個人情報のこともあるので，欠席の理由をすべて説明するのは難しいと思いますが，1日のうちに何度かその子の話題に触れてあげたいものです。

👨 この場面，○○さんなら，違う視点のつぶやきをしてそうだよね。
👥 たしかに。いつも，社会の時間は，○○さんの意見から盛り上がるから。
👨 ○○さんの素敵なところですよね。よし，明日○○さんが登校できたら，この問いに対して，どう考えるか聞いてみようか。どんな意見を言うかな？みんな，どんな話し合いになったか，バラしちゃダメだよ。

　休んだときにクラスで自分の話題が出て，みんなが気にかけてくれるというのは安心感につながります。その子が登校したときの子ども同士の関わりも変わります。いないところでほめられるのは，嬉しさ倍増です。

2月のポジティブチェック

習慣57 来年度のことを考えるからこそ，言うべきことは言う

子どもの気持ち
「あと少しで，終わりだ」
「楽しく毎日過ごしたい」
「もう終わりだから，先生もあまり注意してこないかな」

心得　余計なことを考えずに，言うべきことは言おう

　2月も終わりに近付き，1年の終わりを意識するようになってきたと思います。年度末反省なども始まり，考えようと思わなくても，先生の頭は，少しずつ来年度のことを考えるようになっていきます。

　4月に思い描いたようなクラスになっていますか？理想に近づいた面もたくさんあると思いますが，うまくはいかなかったことも多いと思います。この時期になっても，こんなことを言わないといけないのかと思うことも多いでしょう。私自身も，そのように思うことも多いです。

　ですが，「この時期だから，もういいか」「次は，○年生だから，自分たちで気付くまで，言わないでおこう」「次の先生は，ここまで言わないと思うし…」というのは，違います。そういう余計なことは考えずに，**今言うべきだと思ったことは，引かずに伝えることが大切です**。自分の色を抜くとかよりも，誰が担任になっても大丈夫な子どもに育てる意識をもって最後まで関わるのです。自分は自分の色をつける，次の先生はその先生ならではの色をつける。どの先生の色がつきやすいかは子どもによって違うのです。

　来年度のことを考えるからこそ，最後まで厳しさをもって，指導していくことは必要であり，必要な負荷をかけ続ける意識をもちましょう。さぼって

力を出しきっていないところを見逃さないで,「できないのか,やらないのか」を最後まで問い続けて,気付かせてあげることが大切です。

年度末になっても,細かい指導が多くなってしまう自分を責めずに,「最後まで全力で伸ばそうとしている。最後まで子どもの成長を考えている」とポジティブに捉えましょう。自分自身がやりきったと思えるように,日々を過ごしていきましょう。

Plus 1 アクション
最後まで成長を願うという自分の思いを語る

残り○日でどこまで伸ばせられるか？そのために何ができるか？できる限りのことをしているか？守りに入っていないか？を考えます。

昔,先輩に言われた「プロの教師なら,修了式のさようならまで,子どもをどう成長させられるか考え続けなさい。それが,子どもにとっても,先生にとっても,来年度につながっていく」ということばを大切にしています。

👨 4月からの頑張りで,根っこはしっかりと伸びています。あと○日ですが,先生は最後の最後まで,みんなの成長のことを考えるから,言うべきことは言います。みんなは,まだまだ成長できると思っているから。

👧👦 先生,私たちもうすぐ卒業ですよ。

👨 まだまだ。ここから,もう一段,二段伸びます。先生は,まだまだここからだと思っているからね。

最後の瞬間まで緊張感をもって,自分がもち上がるつもりで考えます。最後まで子どもの成長を考えられているか,自分に問いかけ続けましょう。子どもは,先生が力を抜いているかどうかをよく見ています。

3月のポジティブチェック

習慣58 来年度の話をするなら，ポジティブな方向で

子どもの気持ち
「〇年生になっても，大丈夫かな」
「〇年生になるのが，楽しみだな」
「クラス替えが心配だな」

心得 次の学年に希望をもてるような ことばかけをしよう

　次の学年に関することばは，子どもに響きやすいです。来年度のことを不安に感じている子も多いです。だからこそ，心を傷つけるような使い方は絶対にしないように心がけましょう。

　なお，個人的には無理に次の学年のことを意識させる必要はないと思っています。今のクラスで，今しかできないことを楽しむことが大切だと思うからです。「もし来年度の話をするなら」という視点で考えていきます。

「来年度の話をネガティブに使う」とは…

　終わりが迫ってきて，どうしても，来年度が頭にちらつきます。そうなってくると，できていないことに目が向きやすくなります。でも，**叱るときに来年度の話を出すのはやめましょう**。意識していないと，意外にしてしまいがちです。

　例えば，「そんなことしていたら，〇年生になれないよ」「〇年生になったときに，下級生のお手本にならないといけないのに」「〇年生になっても，そんなことするつもりなの？」「来年度の担任の先生に叱られるよ」といっ

た感じですね。誰も幸せになりませんし，不安な気持ちをあおることにしかなりません。

Plus1 アクション
来年度の話をするなら，ポジティブに使おう

　来年度の話をするなら，「ほめて，認めて，励ます」のポジティブな方向で使っていきましょう。

　例えば，「今のみんなの姿を4月に入学してくる1年生に見てほしいな。1年間でこんなに成長できるんだね」「みんなが学校のリーダーになる来年度は，○○小学校は安心だ」「いつでも○年生になれるよ。責任感に感心するよ」「素早い行動，さすがは4月から高学年になるみんなだね」「先生は自信をもって，○年生に送り出せるよ」などですね。

👤 今日の学級会での話し合いも素敵でしたね。みんなを見ていると，来年度，委員会活動で，学校をよくするための方法をたくさん提案している姿を想像してしまうよ。

👥 僕たち，まだ，委員会活動をしたこともないですよ。

👤 今のみんなを見ていると，そういうことを想像できたということです。前向きな高学年になるんだろうね。

　おそらく来年度，君たちは…と少し先の未来の話をします。あと2か月後くらいの話です。望ましい方向を示してやる気に火をつけること，来年度に明るい希望をもたせることを，意識してことばかけをしていきましょう。

3月のポジティブチェック

習慣59 たくさんほめて終わる

子どもの気持ち

「いろいろあったけど，いい先生だったな」
「先生は，自分たちのことを思ってくれていたんだな」

心得　ピークエンドの法則を意識して よい印象で締めくくろう

　いよいよ最後の１週間。ピークエンドの法則を意識します。「人は，ある出来事に対して，感情が最も高まったとき（ピーク）の印象と，最後の印象（エンド）で全体的な印象を判断する」というものです。ピークの印象はもう変えられませんが，エンドの印象はこれからが勝負です。
　来年度のことを考えても，いい印象で終わることは，すごく大切です。担任した子どもたちとは，来年度以降もいろんな場面で関わることになるでしょうし，来年度に関わる子どもや保護者にも自分の噂は伝わっていくからです。最後の１週間で，終わりの印象をできるだけよくして，お互いにいい印象で１年を締めくくれるようにしましょう。

クラスの自己肯定感が上がることばかけをしていく

　ふと思いついたように，「今，朝学習を自分たちだけで始めて，誰も私語せずにできていることってどう思う？」「〇〇先生から，たくさん挙手ができていて，すごいねって言われたんだけど，どう思う？」などと聞きます。そのクラスで当たり前になっていることだと子どもたちは，「普通のことだ

と思う」「当たり前だと思う」と答えるでしょう。

　そのときに「みんなからすれば，当たり前のことは，実はすごいことだと思うよ。どれも，4月は声をかけないとできなかったことだ。それが今は当たり前になっている。先生がいなくても，できるようになっている。それを継続できているのも，立派なことだよ」としっかり価値付けをします。子どもたちは，自分たちのよいところに気付いていないことが多いですし，日々の成長を実感していないことも多いです。ゆるやかな変化だからでしょう。なので，4月のことを思い出し，当時と比べての成長を感じさせるのです。

Plus 1 アクション
4月当初を思い返すきっかけをつくる

4月と比べてできるようになったことに目を向けて，伝え続けます。

- 🧑 最初の頃は，これができなくて，何回もやり直しをしたね。今では，何も言われなくても，こんなにテキパキとできるようになったね。
- 🧑 困っている友達に対することばかけやフォローを見ていて，心があたたまります。4月は，自分が終わったら，周りの人のことは気にしてなかったのにね。いいクラスになったね。
- 🧑 当たり前のことが当たり前にできる。4月は，これができなかった。今当たり前と思っていることは，すごい成長の上にあるんだよ。自分たちの成長を振り返ろう。

　子どもたちも「4月はたくさん叱られたなあ」「最初は細かい先生だと思ったよ」「4月は挙手も少なかったよね」などと思い出しながら，話します。こういう思い出話を楽しくできるのも，心に余裕が生まれてくる最後だからこそです。

第2章　学級づくりを支える12か月のポジティブチェック習慣　143

3月のポジティブチェック

習慣 60 最後の日を子どもたちと前向きに満喫する

子どもの気持ち
「お別れかあ，寂しいな。ずっとこのクラスがいいな」
「来年度が心配だな」
「やっと〇年生が終わる」

心得 1年間の成長を振り返り勇気づけるメッセージを伝えよう

　初日と同じように，最後の日の語りも学級通信を基に話します。そうすることで，事前に頭を整理できますし，保護者にも感謝を伝えることができるからです。クラスがどんな状況にあっても，最後の日は，思いきり愛情を伝えて，ハッピーエンドで終われるような語りをしましょう。

最後の学級通信に書くこと

　最後に担任としての，思いを熱く伝えましょう。
①出会いの日のこと
　始業式の日に，最初の教室で話したことやそのときに感じたこと，みんなの表情，エピソードなどを思い返して書きます。
②行事や日常のこと（写真を見せながら，話したい）
　行事での印象深いエピソード，日常の中でみんなで笑い合ったこと，うまくいかなくてケンカになったこと，失敗エピソードなどを書きます。
③1年間の成長
　どんなところが成長したか，クラスのすごいと思うところ，今では当たり

前だけど…という部分をアイメッセージで書きます。愛情をことばで伝えていきます。

④次への励まし

来年度に向けた話も書きます。「もう先生が教えたかったことは，すべて伝えた」「みんななら，○年生になっても大丈夫！」「自信をもって，次のステージでも頑張ってね。ずっと応援しているよ」「先生も次もつクラスでこのクラスを超えてやるぞ。みんなもそうしなさい」などを伝えます。

⑤保護者への感謝

毎日子どもを送り出してくれたこと，日々の活動への協力，見えない部分での支えへの感謝を書きます。最後には，前日に撮ったクラス写真を大きく載せます。最後の語りをしている最中に涙が込み上げても，通信があれば大丈夫。最後まで読みきることに集中しましょう。

Plus1アクション
スライドショーを活用する

1年間の写真をスライドショーにして，4月から振り返っていきます。音楽の力も大きいので，その月にあった音楽や思い出の曲を流します。

🧑 そういえば，このときの百人一首大会，○○さんが3回連続優勝して，めちゃくちゃ盛り上がったよね！

👥 ズルしているのかと思うほど，強かった！

🧑 悔し涙を流していた人もいたよね〜。それくらいみんな本気だった。

写真を見ながら，エピソードを語ることで，笑いも生まれます。最後ならではの空気を，子どもたちと満喫しましょう。

3月のポジティブチェック

習慣 61 遠くの偉人より近くの先輩から学ぶ

<先生の気持ち>
「校内のすごい先生から教えてもらいたい」
「相談をしたいけど，忙しいだろうな」

<心得>
同僚の先生から
たくさん吸収していこう

　私も初任者の頃から，同僚の先生方からたくさん学ばせていただいてきました。空き時間に教室をのぞかせてもらったり，放課後にお話を聞かせていただいたり…。本やＳＮＳ，セミナーでも学ぶことはできますが，校内にもすごい先生はたくさんいるはずです。学校の子どもたちの実態を知っていて，いつでも質問ができるというのが，本やＳＮＳとの大きな違いです。

　校内に尊敬できる先生を見つけて，積極的に憧れましょう。そうすることで努力の指針ができます。「〇〇先生のような，全員参加の授業をつくりたい」「〇〇先生のように，子どもが聞き入る話し方を身につけたい」とイメージをもってから自己研鑽を積むと，効果が大きく違います。**指導する際にも，「憧れのあの先生ならどう言うかな？」と考えるようになると，冷静に考えられるようになります。**

　私も年を重ねてきて感じるのは，「今は以前よりも，自分から『教えてあげようか』と言いにくい」ということです。働き方改革のことや，パワハラのことなど，いろいろ頭に浮かんでしまいます。先生は教えることが仕事です。多くの先輩先生は，後輩から「相談を聞いてほしい」「質問したいのですが」と言われることを嬉しく感じると思います。質問をしに行っていると，

「明日，○○するから見に来る？」「この本よかったよ。読んでみる？」のように，何か情報があったときに教えてくれるようにもなっていきます。

　授業のことを聞きに行くと，「この教科は，あの先生に聞けばいい」と教えてもらえて，「算数で困ったときは，○○先生，図工なら○○先生」と，その教科で悩んだときには，いつもその先生に聞きに行くようになります。そこで教えていただいたことを学年会でも共有すると，喜ばれます。

　校内を散歩することも大切です。掲示物，板書，一つひとつのことばかけ，立ちふるまいなど，すべてが学びになります。特に，板書が残っている場合は写真を撮らせてもらったり，その場でどんな授業だったか聞いたりすることで，学びが深まります。ＳＮＳでも板書の写真は，多くあがっていますが，実際に板書の意図を聞くことで多くの学びがあります。空き時間に職員室に戻るときは，いろんな廊下を通って戻ってみるといいですね。休み時間の廊下を歩いていても，学年の雰囲気や先生方の過ごし方を見ることができます。

　担任の先生が他の先生とどのような関わり方をしているかを子どもたちはよく見ています。たくさんの先生といい関係を保ちましょう。

退職，転勤される先生から教えていただく

　３月になると，「○○先生は今年で転勤，退職」という情報が入ってきます。その先生にお願いして，時間をとってもらい，話を聞かせていただくようにします。忙しい時期なので，気を使いますが…。例えば，一緒の学校で働いている間に聞いておきたいことを聞くようにしています。

・今までの思い出話　　　・大変だったときの話
・この学校の昔の様子　　・これからのこの学校への思い
・これから，心配していること　などです。

　もちろん，授業のことや学級経営のことを教えていただくこともあります。もう使わない文具，教具，資料などをいただくこともありました。今でも，いただいた道具を見て，その先生を思い出すことも多いです。

3月のポジティブチェック

習慣62 来年度の成功につながる1年間の振り返りをする

先生の気持ち
「1年間，疲れた…」
「来年度は，何年生かな？」
「今年度のことを，来年度に生かしたいな」

心得 早めの振り返りで来年度の計画を立てよう

1年間の振り返りをする

「勝ちに不思議の勝ちあり。負けに不思議の負けなし」という野村克也さんが引用したことで知られていることばがあります。1年間でうまくいったことは，たまたまかもしれない。うまくいかなかったことは自分に原因があると考えて，自分なりに分析をすることが大切です。どうしても，**改善したいことに目が向きがちになりますが，うまくいったことも考え，その要因を考えておくことも大切**です。

うまくいったことをさらにブラッシュアップしていく視点をもって振り返りましょう。その取り組みの一つひとつが，自分の財産になっていきます。

学級経営の面では，システムの面と子どもたちの関係の面で振り返ります。4月に立てた学級経営方針を見ながら，子どもの様子を思い浮かべて考えていきます。システムは，どこがうまくいかなかったのかを考えて改善案まで考えておくといいですね。

授業の振り返りの面では，教科ごとにざっくり振り返りをしましょう。来年度，どの教科に力を入れたいかが見えてきます。

校務文掌の振り返りでは，時間や力のかけ方はよかったか，引き継ぐべきところ，変えるべきところはどこかなどを考えて，記録に残しておきましょう。事実と主観を分けて引継ぎ資料に書いておきます。1年間やってみての感想は，生きた資料として次の担当者の助けになります。
　私自身，毎年の反省点をたくさん書き出しています。「こうすればよかった」「もっとこうしたかった」を挙げていくのです。できるかできないかは考えずにとにかく，もっとよくできたはずの部分を書いていきます。
　1年目は，子どもとの距離感，掃除や給食の指導，授業中のルール，当番のシステムなど，途中で修正をかけながら，なんとか1年間頑張りましたが，4月の失敗を取り返すのが本当に大変でした。春休み中に，それに対する対策をできるだけ立てたことで，2年目は1年目よりは大幅に学級経営がスムーズにいったことを覚えています。

来年度の目標をとりあえず，決めておく

　振り返りをした後には，来年度してみたいことを考えておきます。振り返りをしていると，「あれもこれも変えたい」「あれもこれもしてみたい」が出てくるかもしれませんが，優先順位をつけておきます。来年度の人事が決まるまではイメージがしにくいかもしれませんが，このタイミングで考えておくことが大切です。
　学年や一緒に学年を組む先生が決まったら，より具体的に目標を立てます。もち上がりのときは，子どもたちを知っているので新しいシステムにチャレンジしやすいと思います。同じ学年を続けてもつときは，教材研究がしやすいので，より授業に力を入れやすいと思います。
　一緒に組む先生のタイプや得意な教科によって，自分の目標を決めるのもいいですね。図工が得意な先生，体育が得意な先生，話し方が上手な先生，板書がきれいな先生，ICT活用が得意な先生，生徒指導が得意な先生…など，その先生についていって，その分野のことをたくさん学びましょう。

番外編

習慣63 先輩からのアドバイスは思考してから受け止める

> 周囲の気持ち
> 「子どもとの距離が近すぎる」
> 「きちんと叱れていないのではないか」
> 「荒れる前にアドバイスしてあげないと」

> 心得
> 自分でかみ砕いて
> 今すぐ実行できるか考えよう

　自分から相談する，しないにかかわらず，たくさんの先生方がアドバイスをしてくれると思います。学年主任の先生，校内の初任者担当の先生，生徒指導の先生，管理職の先生など様々です。

　気にかけてアドバイスをしてもらえることは，すごくありがたいことですが，**「アドバイスされたことをすべて実行しなければいけない」と考えるのは危険です**。なぜなら，クラスの実態，先生のキャラクター，子どもとの関係性，保護者のこと，今までの関わり，目指すクラス像など多くの要素をすべて知ったうえでアドバイスをしてくれているわけではないからです。また，多くの先生は，自分の成功を基にアドバイスをしますが，その先生と自分が全く同じタイプで，全く同じ状況であることはあり得ません。

　私自身，「教えてもらったことを，次にその先生が見に来られるときまでにしておかないと！」と考えていました。その結果，自分が納得できないまま，自分で考えずに言われたままの指導をしたことで，クラスに混乱を招きました。**子どもの成長を思ってしていたはずのことばかけが，先生の都合のためのことばかけになっていくと，子どもたちはその変化を感じ取ります。**そうならないためにも，アドバイスの活用の仕方について考えましょう。

Plus 1 アクション
「ねば思考」にならないように自分の頭で思考してから取り入れる

　教えていただいたことを，そのまま実行できるかを見極めることが大切です。アドバイスを自分で消化して，そのまま行うことがいいのかを検討するのです。その見極めで大切なことは，2つです。

　1つ目は，自分のタイプです。よくあるのは，子どもとの距離が近いために，「子どもになめられている。もっと厳しく指導しなさい」と言われることです。若い先生は，子どもとの距離が近くなりやすいのは当然です。どのような言動を見てそのアドバイスをされたのかを考え，あまりによくないことがあれば意識していくことは大切です。しかし，それを言われたからといって急に子どもに冷たく接したり，昨日まで言っていなかったことを厳しく叱り始めたりすると，子どもとのよくない距離感ができてしまいます。

　2つ目は，今のクラスの状況を見極めることです。それを考え，教えていただいた指導を，今するべきかを考えます。「もっと個別指導をして，遅れている子のそばに行ってあげなさい」と言われても，まずは全体指導を優先している場合はなかなか難しいです。どうしてもアドバイスを流せない状況になった場合は，早めに相談しやすい先生に相談するようにしましょう。

- （先輩から）先生は，子どもと友達になっているように見える。もっと，距離感をとって，厳しい面も示していかないと，クラスが荒れていくよ。
- （自分）子どもとの距離感は，これから意識してみます。子どもの様子に合わせて，ことばの部分から，正していけるようにしようと思います。

　アドバイスを鵜呑みにして，失敗するのも，自分の責任です。優先順位を間違えないようにしましょう。

番外編

習慣 64 子どもを主語に,保護者の目線で話す

> 保護者の気持ち
>
> 「若い先生で大丈夫かな」
> 「こんなこと先生に相談してもいいのかな」
> 「学校でのことは,先生に言うしか方法がないな」

心得　イメージできるように具体的に話をしよう

　今とは違い,初任者の頃は10歳以上年の離れた保護者の方と話すのが苦手でした。でも,教師という仕事は,懇談会や家庭訪問以外でも,保護者の方と話す機会が多いです。そこで気を付けていたことを紹介します。

話すリズムやペースを合わせる

　トーンやテンポ,話し方を合わせることで,安心感を与えるペーシングを意識して話すようにします。人は自分に共通点のある人に親しみをもちやすいからです。相手の発言を繰り返すことも意識して「～なんですね」「～は,大変ですよね」のような感じで話すと,自然と共感の態度を示すことができます。

　保護者の方から要望がある場合は,まずはじっくり聞いてから,「ここまでを,確認させてもらっていいですか？」と言って,相手が言ったことを要約し,確認するようにしています。お互いの思考の整理をするためです。そうすることで,保護者の方は,言いたいことが伝わっていると安心しますし,思いをわかったうえで,解決の方向に向かう未来志向の話ができます。

最近では、教師の仕事量に注目が集まっているからか、「先生も忙しいのに、こんなことを言ってすみません」と言われる保護者の方も多くいます。それに対しては、「学校でのことは、私の仕事です。大丈夫です」とはっきり伝えることで、保護者の方は安心されます。どこまでが教師の仕事かということが難しいことには変わりないですが、学校のことでクラスの子どもが困っているなら相談にのり、一緒に考えていくべきだと思います。

Plus 1 アクション
エピソードを伝えるときはセリフを入れる

　セリフを入れることで、そのときの状況を生き生きと伝えることができます。セリフなしだと「今日、〇〇さんが給食で苦手な魚を頑張って、半分も食べることができました。友達からも声をかけてもらい、嬉しそうでした」という感じですが、セリフを入れると、

- 今日、〇〇さんが給食を見て「魚、苦手だなあ」と言っていましたが、「先生、ひと口だけ頑張って食べてみる」と言い、半分も食べることができました。友達から「〇〇さん、苦手なのに、すごい！」と言ってもらって「すごいやろ」と嬉しそうに言っていましたよ。
- そうなんですね。自分から頑張ると、言えたんですね。認めてくれる友達にも感謝です。
- いつも前向きな姿勢が〇〇さんの素敵なところです。

という感じになります。その場面がイメージしやすいですね。頑張ったこととともに、周りの子どもとの関係、クラスの雰囲気、その子の得意げな様子まで伝わります。今回は、たくさんセリフを入れましたが、1つのエピソードにつき1つのセリフがあれば、伝わり方が変わってきます。

おわりに

　本書を最後までお読みいただき，ありがとうございました。

　執筆にあたり，今まで関わってきた子どもたちやお世話になった保護者，ともに働いた同僚の先生方の顔をたくさん思い出しました。自分を成長させてくれたのは，出会ってきた人たちだったのだなと改めて感じました。

　今年度の４月には，自分が３年間もち上がり初めて卒業をさせた子たちが，社会人１年目を迎えます。成人式であった際には，数名が「教師を目指して，大学で学んでいます。先生，そのうち一緒に働きましょう」と言ってくれました。改めて，教師はいい仕事だなあと思いました。

　地元の兵庫県で教頭をしている兄には，教育実習のときから，仕事のノウハウを教えてもらい，悩んだときにはいつもアドバイスをもらいました。

　私は今，２校目ですが，どちらの学校でも，同僚の先生からたくさんのことを教えていただきました。つらかったときに悩みもたくさん聞いていただきました。先輩方から学ばせていただいたことを，この本には書かせていただきました。

　大阪市の廣瀬裕介先生は，同い年でありながら，私の師匠的存在です。数年前から，ともに学ばせていただいています。この本の執筆にあたっても，たくさんアドバイスをいただきました。

　Instagramで私の投稿を見ていただき，応援してくださった方々がいたから，この本を書く機会をもらえたと思っています。今後も発信を続けていきますので，気が向いたら見ていただけたらと思います。

本書を執筆するにあたって，明治図書編集担当の新井皓士さんには，多くのご助言をいただきました。この場を借りて心よりお礼を申し上げます。

　「プロの意識は，恥の意識」だと言われます。
　私自身，13年ずっと教師をやってきて，今でも，こんなことも知らないのか，こんなこともできないのか，と思うことばかりです。毎日，仕事の帰りにバイクを運転しながら，その日のうまくいかなかったことを反省する日々です。
　でも，だからこそ，今後も学び続けるし，子どもを見取ろうとし続けていきます。この本を読んでくださった方々と，ともに学んでいけることを楽しみにしております。

　最後に，「本の執筆を依頼されたけど，自分なんかに書けるのかな？」と聞いたときに，「あなたなら，書けるよ。大丈夫。依頼されるってそういうことでしょ。相談にのってあげるから，がんばり」とあっけらかんと背中を押してくれた妻。「パパの本，出たら買うから，がんばってね」と応援してくれた小学2年生の息子。心が折れそうになったときに，何度も元気づけてもらいました。二人には，本当に感謝しています。

　本書が，毎日現場で頑張る先生方にとって，少しでも支えとなれることを願っております。

　2025年1月

溝口　健介

| 巻末付録 | **12か月の**

- 4月
  - ☑ 指導に対して，趣意説明を行い，納得感と安心感を得られているか？
  - ☑ 具体的な姿をほめて，よい言動をクラス全体に広げようとしているか？
  - ☑ 指導後の変化を見逃さず，価値付けすることができているか？

- 5月
  - ☑ 4月に指導したことができていないときに，止められているか？
  - ☑ 先生や友達の話を聞くときは，目と心を向けて聞けているか？
  - ☑ 学級経営のねらいをもって，授業を行えているか？

- 6月
  - ☑ 慣れが乱れにつながり，丁寧さやスピードが失われてはいないか？
  - ☑ いい面に目を向け，前向きなことばかけを続けられているか？
  - ☑ 教室環境や児童の机の中は，いつも整っているか？

- 7月
  - ☑ トイレや廊下，着替え部屋の使い方で気になることはないか？
  - ☑ 掃除や当番の仕事は，責任をもって行えているか？
  - ☑ 1学期を振り返り，2学期に向けて学級経営方針を見直せているか？

やることリスト

8月
- ☑ 心と体のリフレッシュを行えているか？
- ☑ 2学期の最初の単元の準備を行えているか？
- ☑ 2学期の大まかな流れを確認できているか？

9月
- ☑ 子どもたちのことばの乱れを，正せているか？
- ☑ 子どもの様子をよく観察して，学級の空気を調整することばかけができているか？
- ☑ 1学期に身につけた「話す」「聞く」「書く」ときの約束を守れているか？

10月
- ☑ 行事を通して子どもを育てる意識で，日々の練習に取り組めているか？
- ☑ 行事の練習がある中でも，日々の授業を丁寧に行えているか？
- ☑ 行事の練習がある中でも，時間を守って行動できているか？

11月
- ☑ 毎日，全員と関わりをもてるように意識をしているか？
- ☑ クラスが笑顔になれる瞬間を意識してつくれているか？
- ☑ 当たり前のことができている子に目を向け，ほめことばをかけられているか？

12月
- ☑ 2学期にするべきことを，余裕をもって，終わらせられているか？
- ☑ 3学期を意識した学級経営はできているか？
- ☑ 2学期を振り返り，3学期に向けて，学級経営方針を見直せているか？

1月
- ☑ 4月からの積み上げを振り返り，ゴールイメージを子どもと共有できているか？
- ☑ 発問や板書計画を事前に考えるなど，授業準備は丁寧にできているか？
- ☑ 年度末までの見通しをもつことができているか？

2月
- ☑ 一人ひとりの特性を理解したほめことばや励ましのことばをかけ続けられているか？
- ☑ 最後まで子どもを伸ばす授業を意識して，日々の授業に取り組めているか？
- ☑ 任せる場面を増やし，主体的に動けるように仕掛けられているか？

3月
- ☑ 最後まで，当たり前のことをやりきらせることができているか？
- ☑ 1年間の成長を子どもが感じられるように，具体的な事実を基に伝えられているか？
- ☑ 4月からの成長を振り返り，来年度に向けた前向きなことばかけができているか？

参考文献一覧

- 向山洋一　著『授業の腕をあげる法則』(明治図書，1985)
- 有田和正　著『教え上手』(サンマーク出版，2009)
- 俵原正仁　著『なぜかクラスがうまくいく教師のちょっとした習慣』(学陽書房，2011)
- 多賀一郎　著『ヒドゥンカリキュラム入門―学級崩壊を防ぐ見えない教育力―』(明治図書，2014)
- 森川正樹　著『言い方ひとつでここまで変わる教師のすごい！会話術』(東洋館出版社，2014)
- 田中博史　著『子どもが変わる接し方』(東洋館出版社，2014)
- 中村健一　著『策略－ブラック学級づくり　子どもの心を奪う！クラス担任術』(明治図書，2015)
- 土作彰　著『情熱－燃えるレッドの学級づくり　全力で子どもを伸ばす！クラス担任術』(明治図書，2016)
- 金大竜　著『ワクワクを生み出す！　あたらしい教室のはじめかた』(学陽書房，2018)
- 友田真　著『子どもを伸ばす教師の見方　子どものどこをどう見て，どう褒め，叱る？』(明治図書，2020)
- 菊池省三　著『授業を変えよう』(中村堂，2022)

【著者紹介】

溝口　健介（みぞぐち　けんすけ）．
兵庫県出身。大阪府堺市で小学校教諭として勤務。現在14年目で，学級担任を11年と生徒指導専任を3年経験。好きな教科は，社会科と道徳。モットーは，「ほめて，認めて，励ます」。
『授業力＆学級経営力』2024年3月号・2024年9月号・2025年3月号原稿執筆。『1年間まるっとおまかせ！　小3担任のための学級経営大事典』『1年間まるっとおまかせ！　小4担任のための学級経営大事典』分担執筆（いずれも明治図書）。
Instagramでは，トトロ先生（@_totoro.sensei_）のアカウントで学級経営や授業づくりについて発信している。

１年目の先生が身につけたい
学級づくり　ポジティブチェックの習慣
12か月のやることリスト付

2025年3月初版第1刷刊	Ⓒ著　者	溝　口　健　介
	発行者	藤　原　光　政
	発行所	明治図書出版株式会社
		http://www.meijitosho.co.jp
		（企画）新井皓士（校正）井村佳歩
		〒114-0023　東京都北区滝野川7-46-1
		振替00160-5-151318　電話03（5907）6701
		ご注文窓口　電話03（5907）6668
＊検印省略	組版所	藤　原　印　刷　株　式　会　社

本書の無断コピーは，著作権・出版権にふれます。ご注意ください。

Printed in Japan　　　　　ISBN978-4-18-411534-7

もれなくクーポンがもらえる！読者アンケートはこちらから